INTERVENTION

HEIDI**HORTEN**COLLECTION

Schriftenreihe | Publication series
Intervention
Herausgegeben von | Edited by
Agnes Husslein-Arco

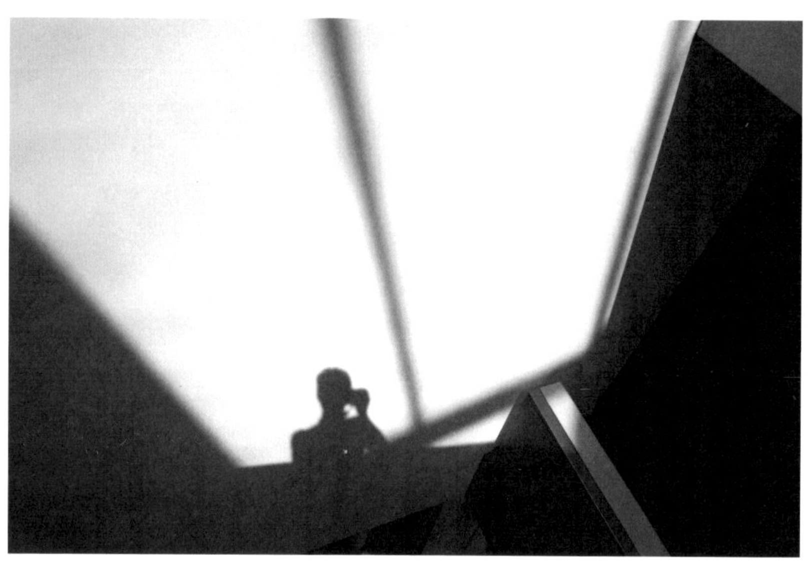

INTERVENTION

2
ORT
Ouriel Morgensztern

Mit Beiträgen von | With contributions by
Agnes Husslein-Arco, Christopher Rothko
und | and **Rolf H. Johannsen**

INHALT | CONTENTS

Vorwort | Foreword
Agnes Husslein-Arco

Es ist mir eine besondere Freude, die zweite Interventions-Ausstellung der Heidi Horten Collection dem Schaffen von Ouriel Morgensztern zu widmen. Seine Schwarz-Weiß-Fotografien eröffnen einen präzisen und zugleich poetischen Blick auf unser Haus – einen Blick, der nicht das Offenkundige erfasst, sondern das Verborgene, nicht die Gesamtheit, sondern das Detail. Mit feinem Gespür für Licht und Schatten, für Ausschnitt und Komposition gelingt es ihm, der Architektur neue Dimensionen zu entlocken. Seine Arbeiten lassen die Räume zugleich vertraut und fremd erscheinen, lösen sie von ihrer reinen Funktionalität und verleihen ihnen eine eigene ästhetische Sprache.

Ouriel Morgensztern ist ein *citoyen du monde*, ein Weltbürger, dessen künstlerische Handschrift von den Spuren eines bewegten Lebens durchzogen ist. In Paris geboren und in Südfrankreich aufgewachsen, führten ihn seine Wege über New York und einen Kibbuz in Israel nach Wien, wo er seit zwanzig Jahren lebt. Er ist in vielen Kulturen zu Hause und zugleich tief verbunden mit der jüdischen Gemeinschaft, die er seit Langem mit seiner Kamera begleitet. Diese internationale Offenheit, gepaart mit der Nähe zu den Orten seines Lebens, macht sein Werk unverwechselbar. Er zeigt uns nicht das grelle Spektakel, sondern das feine, oft übersehene Detail – und verleiht jedem Motiv stille Würde.

Seit vielen Jahren verbindet mich eine enge Wegbegleitung mit Ouriel Morgensztern. Ich bewundere seinen präzisen, sensiblen Blick und seine Fähigkeit, Architektur in Bildern festzuhalten, die weit über Dokumentation hinausgehen. In seinen Fotografien ist das Haus der Heidi Horten Collection präsent und zugleich entrückt. Treppen, Fenster, Lichtschächte, Schatten und Reflexionen verwandeln sich zu abstrakten Formkonstellationen, in denen sich die Architektur auflöst und in eine autonome Bildsprache überführt wird. Die Kunstwerke selbst erscheinen nur beiläufig – und bleiben doch spürbar, ebenso wie die Besucherinnen und Besucher, deren Abwesenheit paradoxerweise ihre Anwesenheit evozieren.

It is my distinct pleasure to dedicate the second intervention exhibition of the Heidi Horten Collection to the work of Ouriel Morgensztern. His black-and-white photographs offer a perspective on our museum that is at once precise and poetic—one that reveals not the obvious, but the hidden; not the whole, but the details. With a keen sensitivity to light and shadow, framing, and composition, he uncovers new dimensions within the architecture. His works render the spaces both familiar and foreign, freeing them from their purely functional role and imbuing them with a distinct aesthetic language of their own.

Ouriel Morgensztern is a *citoyen du monde*, a true cosmopolitan whose artistic signature carries the marks of an eventful life. Born in Paris and raised in the south of France, his journey has taken him through New York and to a kibbutz in Israel eventually bringing him to Vienna, where he has lived for the past twenty years. He feels at home in many cultures yet remains deeply connected to the Jewish community, which he has long documented through his camera. This combination of a worldly perspective and intimate familiarity with the places he inhabits gives his work a distinctive character. He does not present us with glaring spectacle but rather with subtle, often overlooked details—lending quiet dignity to every subject he captures.

For many years, I have had the privilege of accompanying Ouriel Morgensztern closely on his artistic journey. I admire his precise and sensitive eye and his ability to capture architecture in images that go beyond mere documentation. In his photographs, the museum of the Heidi Horten Collection is both present and transfigured. Staircases, windows, light wells, shadows, and reflections become abstract constellations of form in which the architecture dissolves and assumes its own visual language. The artworks themselves seem incidental—yet they remain palpable, as do the visitors, whose absence paradoxically makes their presence felt.

This duality between presence and absence runs through the entire oeuvre of Ouriel Morgensztern. Whether he captures

Diese Spannung zwischen Gegenwart und Abwesenheit durchzieht das gesamte Werk von Ouriel Morgensztern. Ob er die Fassaden Tel Avivs einfängt, die Stille seiner südfranzösischen Heimat, den Spuren Dora Bruders in Paris nachgeht oder die Drehorte des Filmklassikers *Der dritte Mann* in Wien neu interpretiert – stets ist das Nichtgezeigte ebenso wirksam wie das Sichtbare. So entsteht ein Spannungsfeld zwischen Dokument und Abstraktion, zwischen Spurensicherung und poetischer Transformation.

Kunsthistorisch steht Morgenszterns Werk in einer Linie, die von der subjektiven Fotografie der Nachkriegszeit bis zu den Farbraum- und Lichtstudien von Mark Rothko oder Pierre Soulages reicht. Wie Jean Dieuzaide oder László Moholy-Nagy arbeitet er mit grafischen Strukturen, extremen Bildausschnitten und kontrastreichen Hell-Dunkel-Werten. Seine Schwarz-Weiß-Fotografien entfalten ein breites Spektrum an Nuancen, die an Rothkos monochrome Bildwelten oder Soulages' *Outrenoirs* erinnern. Doch bleibt sein Blick unverkennbar eigenständig: Für ihn ist die Kamera kein bloßes Werkzeug, sondern ein Instrument des Empfindens.

In diesem Sinn lassen sich auch die Worte von Aaron Siskind verstehen: „Fotografie ist mehr als nur das Festhalten des Offensichtlichen. Sie ist ein Weg zu fühlen, zu berühren, zu lieben. [...] Die Kamera ist ein perfekter Begleiter. Sie stellt keine Ansprüche, verlangt nichts von dir. [...] Sie sieht, was du selbst aus Nachlässigkeit oder Trägheit übersiehst, und bewahrt die kleinen Dinge, lange nachdem du selbst alles vergessen hast." In Morgenszterns Bildern findet dieser Gedanke seine lebendige Entsprechung. Seine Fotografien sind mehr als Abbildungen – sie sind ein Weg des Spürens, ein Erinnern an das, was leicht übersehen würde.

Dass diese Ausstellung am Ende meiner Zeit als Direktorin eröffnet wird, erfüllt mich mit besonderer Dankbarkeit. Sie markiert nicht nur den Abschluss einer intensiven und prägenden Zeit für die Heidi Horten Collection, sondern auch einen Moment der persönlichen Rückschau. Die Arbeiten Ouriel Morgenszterns verdeutlichen, dass das Museum mehr ist als ein Ort der Kunst. Es ist ein Raum, der Erinnerungen bewahrt, Spuren sichtbar macht und zwischen Anwesenheit und Abwesenheit oszilliert – so, wie es jede Institution sein sollte: verankert im Hier und Jetzt, zugleich offen für die Spuren der Vergangenheit und die Projektionen der Zukunft.

the façades of Tel Aviv, the silence of his native south of France, the footsteps of Dora Bruder in Paris, or the film sets of the classic *The Third Man* in Vienna, what is left unseen is always as potent as what is visible. From this emerges a field of tension between documentation and abstraction, between preservation of memory and poetic transformation.

From an art-historical perspective, Morgensztern's work follows a lineage that stretches from the subjective photography of the postwar era to the Color Field and light studies of Mark Rothko and Pierre Soulages. Like Jean Dieuzaide and László Moholy-Nagy, Morgensztern works with graphic structures, extreme framings, and bold contrasts of light and dark. His black-and-white photographs unfold a broad spectrum of nuances, reminiscent of Rothko's monochrome imagery and Soulages's *Outrenoirs*. Yet his gaze is unmistakably his own: for him, the camera is more than just a tool; it is a conduit for feeling the world from within.

In the words of Aaron Siskind: "Photography is more than a means of recording the obvious. It is a way of feeling, of touching, of loving. […] The camera is a perfect companion. It makes no demands, imposes no obligations. […] It sees what you are too lazy or too careless to notice, and it remembers little things, long after you have forgotten everything." These thoughts resonate vividly in Morgensztern's images. His photographs are more than mere representations—they provide a way of seeing and remind us of what might otherwise be overlooked.

I am particularly grateful that this exhibition coincides with the end of my tenure as director. It marks the conclusion of an intense and formative period for the Heidi Horten Collection, as well as a moment of personal reflection. Ouriel Morgensztern's works show that a museum is more than simply a place for art. It is a space that preserves memories, makes traces visible, and oscillates between presence and absence—just as every institution should. It is firmly rooted in the present yet open to the echoes of the past and the visions of the future.

My special thanks go to curator Rolf H. Johannsen, who approached Ouriel Morgensztern's work with great sensitivity and precision, and to Christopher Rothko, whose catalogue contribution offers a deeper perspective on this exhibition. Their texts beautifully complement the photographs and help to convey the multifaceted richness of the work.

Mein besonderer Dank gilt Kurator Rolf H. Johannsen, der sich mit großer Sensibilität und Genauigkeit dem Werk Ouriel Morgenszterns gewidmet hat, sowie Christopher Rothko, dessen Katalogbeitrag dieser Ausstellung eine vertiefende Perspektive verleiht. Ihre Texte ergänzen die Fotografien auf eindrückliche Weise und tragen dazu bei, den Facettenreichtum dieses Werks erfahrbar zu machen.

Mögen die Besucherinnen und Besucher in diesen Bildern entdecken, was das Wesen großer Fotografie ausmacht: die Fähigkeit, das Sichtbare zu überschreiten, das Unsichtbare erfahrbar zu machen und das Vertraute in ein neues, überraschendes Licht zu tauchen.

10

May our visitors find in these photographs what constitutes the essence of great photography—the ability to transcend the visible, make the invisible tangible, and cast the familiar in a new, surprising light.

ORT – neu gedacht

ORT – Reinventing Place

Christopher Rothko

Die Fotografien von Ouriel Morgensztern bestechen durch Ausdruckskraft und Lebendigkeit ihrer Sujets. Häufig begegnen wir darin Menschen aller Altersgruppen: in Momenten jugendlicher Ausgelassenheit, beim Feiern oder in feierlichen Zeremonien. Die in den zahlreichen Wiener Gemeinden entstandenen Bilder zeugen von einer tiefen Verbundenheit mit dem kulturellen Leben der Stadt und spiegeln zugleich deren Geschichte und die Vitalität der Gegenwart wider. Dieser zutiefst humanistische Ansatz Morgenszterns fand in der Ausstellung *Rendezvous in Wien*, die 2021 im Jüdischen Museum Wien gezeigt wurde, eine besonders einfühlsame Umsetzung.

Es gibt jedoch eine zweite Facette in Ouriel Morgenszterns künstlerischem Schaffen – eine, die man angesichts der Vielzahl an Gesichtern und Orten in seinen eher dokumentarischen Arbeiten kaum erwarten würde. Sein Œuvre teilt sich in zwei klar voneinander getrennte Sphären: Dort, wo die Szenen des Gemeindelebens enden, schließt sich die eine Welt für immer. Und dort, wo Morgenszterns Architekturfotografien – allen voran jene, die in *ORT* in der Heidi Horten Collection zu sehen sind – ansetzen, betreten wir eine völlig menschenleere Welt.

Seine Architekturfotografien scheinen weder eine Auseinandersetzung mit noch ein Gegenentwurf dessen zu sein, was Morgensztern im Leben der Menschen dokumentiert. Vielmehr wirken sie wie autonome Bildwelten – die eine ebenso menschenleer, wie die andere von Leben erfüllt. Wir treten in abstrakte Räume: klar geformt und konkret. Es sind Orte, die zum Beobachten bestimmt sind, die sich jedoch unserem Zutun entziehen. Die kontemplative Qualität dieser Arbeiten zeigt sich in den reinen Formen und den ihnen zugrunde liegenden Ideen und bildet so einen Gegenpol zu den figurativen Fotografien, die vor allem Handlungen einfangen.

In Morgenszterns Architekturfotografien offenbart sich eine geheimnisvolle Schönheit – geometrische Flächen und Schatten verbinden sich zu einem Spiel aus Sichtbarem und nur Angedeutetem. In *ORT* wendet er seinen Blick auf den markanten Bau der Horten Collection, entworfen von *the next Enterprise*, Marie-Therese Harnoncourt-Fuchs und Ernst J. Fuchs. Doch dieser *Ort* erschöpft sich nicht nur einfach in dem Gebäude, wie man sich durch den Haupteingang präsentiert. Indem Morgensztern das Sichtbare zerlegt, um es dann zu neu imaginierten Elementen sowie abstrakten Collagen zusammenzusetzen, nimmt er uns in *ORT* auf eine Reise

ORT – neu gedacht

The photographs of Ouriel Morgensztern can charm us with the energy and spirit of their subjects, who—whether children or adults—are often engaged in youthful acts of celebration and ceremony. Drawn from the many communities of Vienna, these photographs chronicle a robust engagement with the cultural life of the city, in ways that both speak to history and emphasize the vibrancy of the present. Morgensztern's essentially humanist approach was beautifully catalogued in his 2021 exhibition *Rendezvous in Vienna* at the Jewish Museum Vienna.

There is a second side to Ouriel Morgensztern's artistic persona, however, one that might not be guessed from the many faces and places that populate his more documentary work. Indeed, there is a dramatic bifurcation in his oeuvre: For where these communal scenes end, they end absolutely. And where Morgensztern's architectural photographs begin—most notably those featured in *ORT* at the Heidi Horten Collection—we are in a world seemingly uninhabited by people.

These architectural photographs do not seem to be a reaction to, or a negation of, what he has documented amongst the living. Instead, they depict a nearly separate universe, a world apparently as uninhabited as the other is alive: abstract spaces, fully formed and concrete, for us to encounter and observe but that will not be dynamically influenced by our input. These works showcase pure forms and the ideas they derive from, unlike his representational photos, which capture action rather than contemplation.

There is a haunting beauty to Morgensztern's architectural photographs, with geometric shapes and shadows combining to create a mysterious landscape of the seen and not-quite-seen. *ORT* documents the remarkable building designed by architects Harnoncourt-Fuchs and Fuchs of *the next Enterprise*, Marie-Therese Harnoncourt-Fuchs and Ernst J. Fuchs for the Heidi Horten Collection. In this context, this *Ort* —this *place*—is not necessarily the building as accessed through the entry door. Rather, in *ORT*, Morgensztern takes us on a journey through the building as it is shifted into a seemingly parallel universe, with the artist deconstructing and recombining what he sees into reimagined components and abstract collage.

In these photographs, we find architecture shorn of its human function. The architect's focus on use and user is irrelevant. Morgensztern offers us purely line and shape—and

durch ein Gebäude mit, das scheinbar in eine Parallelwelt verlagert wurde.

Auf diesen Fotografien wirkt die Architektur wie von ihrer menschlichen Funktion gelöst. Die Intention der Architekt:innen, den Fokus auf Nutzung und Nutzer:innen zu legen, tritt hier in den Hintergrund. Morgensztern zeigt uns ausschließlich Linien, Formen und – gelegentlich – Massen. „Gelegentlich" deshalb, weil wir oft nicht genau erkennen, was wir vor Augen haben. Schatten verschlucken die Konturen und hüllen die Umgebung in Dunkelheit, sodass wir gezwungen sind, das „Mögliche" mühsam und ohne jeglichen Kontext zu erahnen. Ein Werk, das ironischerweise ein Fenster darstellt, schwebt am Rand des Unsichtbaren **(Abb. 1)**. Der Fotograf verwendet das Fenster nicht als Quelle von Licht, sondern als Mittel, um alles andere in tiefe Schatten zu tauchen, in denen wir zwar etwas erahnen, aber nichts deutlich erkennen können. Mit seiner Kamera erschafft Morgensztern einen neuen Raum, der zwar objektiv bereits existiert, sich durch seine Perspektive jedoch sichtbar – und doch unsichtbar – erschließt.

In fast allen Fotografien eröffnen sich Perspektiven, die Objekte und ihre Umgebung fremd wirken lassen. Selbst vertraute Elemente wie Treppen, Geländer oder vertäfelte Wände und Decken verlieren ihre gewohnte Funktion und erscheinen fremd. Nicht nur die Formen an sich wirken abstrakt, auch ihr Bezug zu unserer Welt – der Welt der Betrachter:innen – ist aufgehoben. Auch hier haben die Gegenstände ihre Funktion verloren und treten als reine Formen hervor, jenseits gewohnter Zuordnungen. Gerade weil die Inhalte dieser Fotografien von allen alltäglichen Bezügen gelöst sind, entfalten sie eine markante formale Schönheit. Um das Gezeigte zu erfassen, bedarf es eines gewissen Maßes an Anstrengung, denn das Bekannte zeigt sich hier in neuem Gewand. Wir sind verunsichert; Morgensztern stellt unsere Erwartungen bewusst auf den Kopf, wie das wunderschön abgerundete Treppenhaus zeigt **(Abb. 2)**, das den Blick unweigerlich auf sich zieht. Wir nehmen die Form zwar wahr, doch sind wir orientierungslos, wir haben die Himmelsrichtung verloren. Analog dazu stellt sich die Frage nach dem *Warum* seiner Existenz und seiner Form in völlig neuem Licht, da das Treppenhaus von seinem „Zweck", wie wir ihn in der utilitaristischen Welt verstehen, entkoppelt wurde. Um die physische Welt zu erklären, können wir uns also nicht länger auf unsere vorgefassten Vorstellungen von Funktionalität verlassen. Der Fotograf unterläuft nicht nur unsere

sometimes volume. I say "sometimes" because often we are not certain what we see. Shadow swallows the edges and shrouds the environment so that we must comprehend without context and struggle to discern the "might be." Works such as **(Fig. 1)**, which ironically depicts a window, balance on the edge of the invisible. The photographer uses the window not to shed light on the scene but to throw all else, by contrast, into deep shadow, where we might feel, but plainly cannot see. By means of his camera, Morgensztern creates a new space—one that already exists in an absolute sense, but that can be seen (and not seen!) only through his lens.

Nearly all the photographs offer perspectives that render objects and environment unfamiliar. Even items we recognize, such as a staircase, a banister, or a paneled wall or ceiling, are not readily discernible in their familiar roles; they feel foreign. The forms themselves are abstract, and their relation to our world—to the viewer's world—is also abstract. These items, divorced from their function, become simply shapes rather than representations of a category. There is striking formal beauty in these photographs, as the contents are freed from their everyday associations. The viewer must work, however, to make sense of the scene, as the familiar has been recast into something else. We are left ungrounded, with Morgensztern deliberately disrupting our expectations, as illustrated in **(Fig. 2)** with its beautifully rounded stairwell that seduces the eye. We can appreciate that shape, yet we cannot tell which way is north or know where we are. Similarly, since the stairwell has been separated from its "purpose" as we understand it in the utilitarian world, the why of its existence and shape is a completely reopened question. We cannot rely on notions of functionality to explain the physical world to us. The photographer has not only disrupted expectations—he has upended a primary means through which we understand our surroundings.

This disoriented feeling is at its most striking in photographs such as **(Figs. 3–4)** with its many intersecting planes—a fantastical, intoxicating, but ultimately nonsensical place. The view offered in this work cannot help but remind us of drawings by Giovanni Battista Piranesi, Italian master draftsman of the baroque **(Figs. 5–6)**. Like Morgensztern, Piranesi documents spaces that exist only in the mind and depicts places we cannot go—grand, vaulted rooms of contradictions that collapse upon themselves. Morgensztern's *Ort* may appear more solid

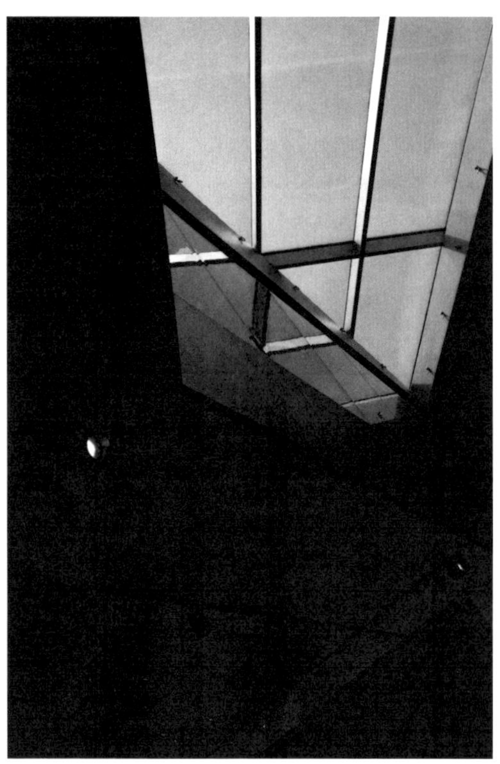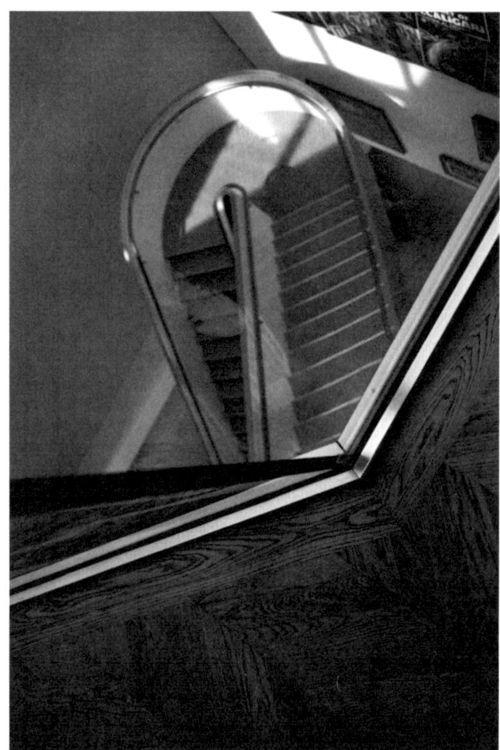

Erwartungen, sondern stellt auch ein fundamentales Mittel auf den Kopf, mit dem wir sonst unsere Umgebung erfassen.

Dieses Gefühl der Desorientierung zeigt sich am deutlichsten in Fotografien, in denen sich viele Ebenen überschneiden **(Abb. 3–4)** – es ist ein fantastischer, ein betörender Ort, der letztlich keinen klaren Sinn erkennen lässt. Der Blick, den uns dieses Werk eröffnet, erinnert unweigerlich an die *Carceri*-Blätter des italienischen Meisterradierers Giovanni Battista Piranesi, einem der herausragenden Vertreter des Barock **(Abb. 5–6)**. Wie Morgensztern entwirft auch Piranesi Räume, die ausschließlich in unserer Vorstellung existieren. Er veranschaulicht Orte, deren Zugang uns verwehrt bleibt: monumentale, gewölbte Räume voller Widersprüche, die in sich zusammenzubrechen drohen. Zwar wirken Morgenszterns Orte stabiler und greifbarer, doch teilt er Piranesis Vorstellung einer von der Realität losgelösten Architektur. Die Treppen, die sich bei beiden Künstlern zu einem obsessiven Motiv verdichten, halten letztlich keiner Belastung stand und führen ins Leere. Sie entziehen sich den Schritten des Menschen. Und wieder eröffnet sich ein intimer Einblick in die Imagination des Fotografen – ein Blick, der zugleich unsere eigene Fantasie beflügelt.

Abb. | Figs. **1–2**
Ouriel Morgensztern
Heidi Horten Collection,
2022–2025
Digitalfotografie |
Digital photography
Der Künstler | The artist

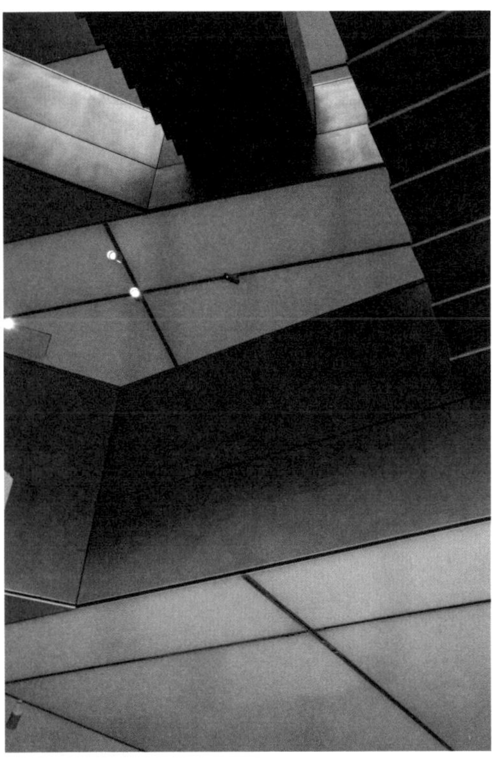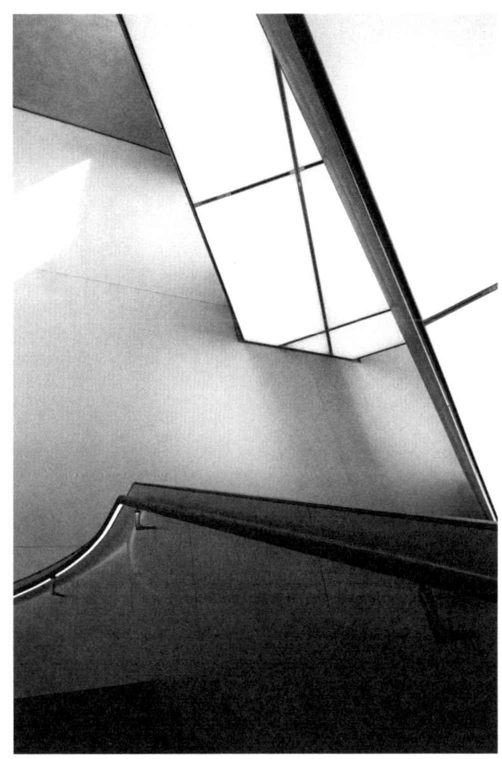

and substantial, but it shares Piranesi's vision of an architecture divorced from life. The stairways that become a seemingly obsessive focus for both of these artists are ultimately unsupported and take us nowhere. For all intents and purposes, they are severed from human feet. Again, we are offered a private view from the photographer's imagination that, in turn, sparks our own.

It is not simply that the *ORT* photographs inhabit a world outside human experience. There is a striking absence of the human in the scenes we are presented. Not only is the human figure missing, human *activity* is also undetectable—markedly so. These photos depict a manmade world from which its maker has simply vanished. One can search in vain for the living evidence, the footprints, the remnants of human life. Only the products remain, like a world created by a deity who, work completed, has withdrawn—utterly. Even the quasi-humanoid, as captured in **(Fig. 7)**, does not connect us to a living world. They are statues, hard stone, totemic monuments to memory, but with no life, no connection to flesh and blood.

Likewise, the plants depicted in a few of the photographs **(Fig. 8)** appear strangely inorganic, dimly glimpsed, and

Die Fotografien der Ausstellung *ORT* entstammen nicht nur einer Welt jenseits menschlicher Erfahrung, sondern zeigen zugleich die völlige Abwesenheit des Menschlichen. Es fehlt nicht nur die menschliche Gestalt, sondern auch auffallend deutlich jegliche Spur menschlichen Handelns. Die Bilder zeigen eine von Menschen geschaffene Welt, deren Schöpfer spurlos verschwunden sind. Vergebens sucht das Auge nach Spuren des Lebens, nach Fußabdrücken oder Überresten menschlicher Präsenz. Zurückgeblieben sind allein ihre Artefakte – wie Schöpfungen einer Gottheit, die sich nach vollendetem Werk zurückgezogen hat, und zwar unwiederbringlich. Selbst die nur scheinbar menschenähnliche Gestalt eröffnet uns keinen Zugang zu einer belebten Welt **(Abb. 7)**. Es sind Statuen, harter Stein, totemhafte Monumente des Erinnerns – ohne Leben, ohne jegliche Verbindung zu Fleisch und Blut.

Auch die wenigen Pflanzen in einigen Fotografien **(Abb. 8)** wirken eigentümlich leblos – schemenhaft und ins architektonische Gefüge eingebunden. Statt dem Raum Dynamik und eine weichere Note zu verleihen, erscheinen sie eher wie Ausstellungsstücke in einer Vitrine. Ihre zarte grüne Präsenz findet in Morgenszterns Schwarz-Weiß-Palette keinen Ausdruck. Historisch zählt Schwarz-Weiß zum bevorzugten Repertoire der Kunstfotografie; geschätzt wird es wegen seiner Ausdruckskraft, mit der feine Grauabstufungen sowie Nuancen des Sehens und Empfindens eingefangen werden. In Morgenszterns Arbeiten hingegen dient Schwarz-Weiß der Abstraktion: Es erzeugt zugleich Klarheit und Unschärfe im Raum. Was sich dem Blick eröffnet, sind verlockende wie rätselhafte Ansichten – doch das Register der Emotionen bleibt unberührt. Das Grau erscheint hier als reine Abwesenheit von Farbe.

Viele dieser Bilder hinterlassen ein Gefühl der Leere – menschenleer und zugleich von einem tiefen Nichts erfüllt. Der Fotograf macht deutlich, dass etwas fehlt. Doch diese Leere ist nicht mit Härte oder Kälte gleichzusetzen. Vielmehr lässt sie sich als existenzielle Einsamkeit verstehen. Gerade dadurch berühren uns diese Fotos: In ihnen erfahren wir unsere eigene Einsamkeit. Die Abwesenheit, die sie formulieren, erinnert uns trotz geometrischer Schönheit und betörender Schatten immer wieder an unser tiefes Sehnen nach mehr.

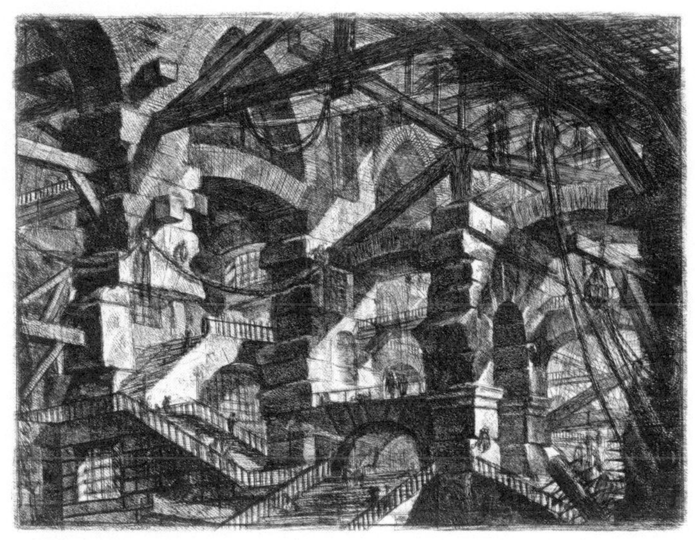

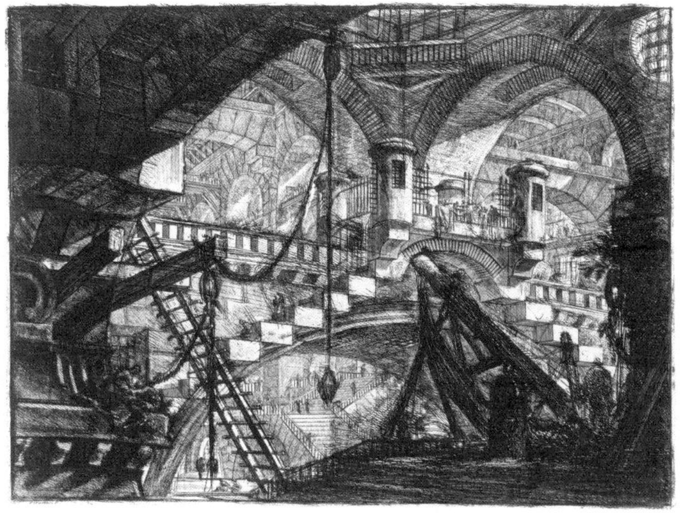

Abb. | Fig. 5
Giovanni Battista Piranesi
Der gotische Bogen | *The Gothic Arch*, 1760
Aus der Serie | From the series: *Carceri d'invenzione*
Radierung auf Papier | Etching on paper, 40 × 54 cm
Nationalgalerie, Staatliche Museen zu Berlin, Sammlung
Scharf-Gerstenberg

Abb. | Fig. 6
Giovanni Battista Piranesi
Der Bogen mit dem Muschelornament |
The Arch with a Shell Ornament, 1760
Aus der Serie | From the series: *Carceri d'invenzione*
Radierung auf Papier | Etching on paper, 40 × 54 cm
Nationalgalerie, Staatliche Museen zu Berlin, Sammlung
Scharf-Gerstenberg

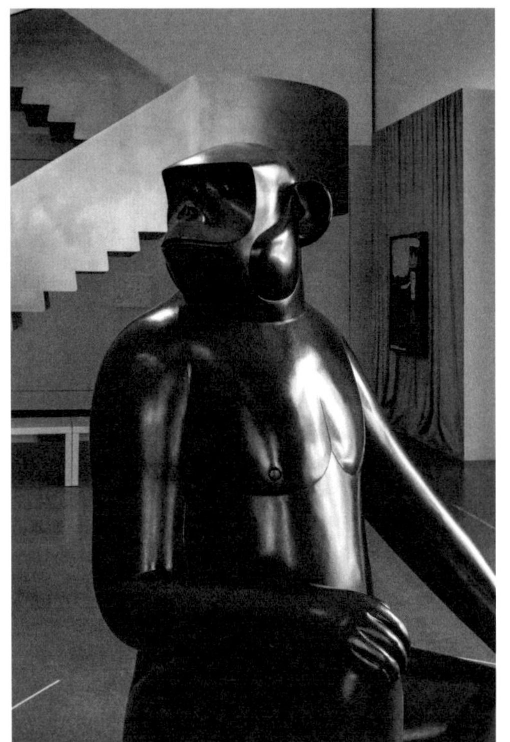 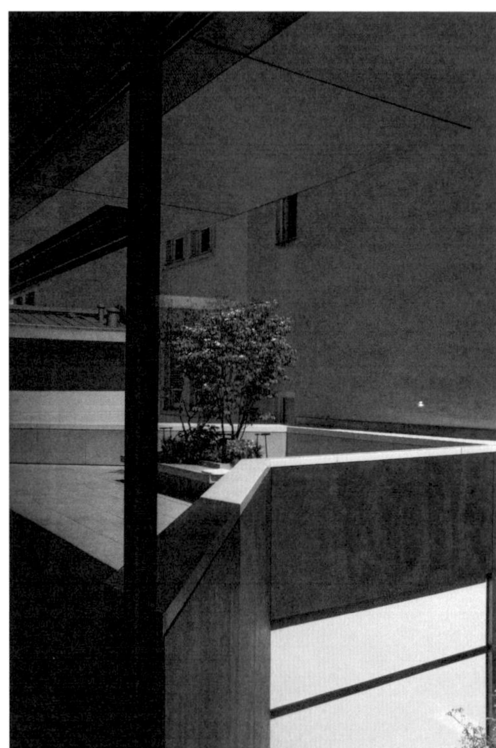

Abb. | Figs. 7–8
Ouriel Morgensztern
Heidi Horten Collection,
2022–2025
Digitalfotografie |
Digital photography
Der Künstler | The artist

almost a part of the architecture. They become the types of objects viewed in a vitrine rather than items that introduce a dynamic and softer edge into the space. Their gentle green presence is not admitted in Morgensztern's black-and-white palette. Black-and-white is historically the format of choice for the art photographer, often used because it feels deeply expressive—shades of gray that capture nuances of vision and emotion. In Morgensztern's photos, however, black and white are in the service of abstraction, clarifying and obscuring space. He offers us enticing and mystifying views, but emotion is not on the menu. We experience the gray as an absence of color.

We can come away from many of these photos with a sense of emptiness; they are empty of people, but also, more profoundly, convey a void. The photographer is showing us explicitly that something is missing. This emptiness should not be mistaken for hardness or coldness, however. Instead I think we can understand it as an existential loneliness. These photographs get inside us because they remind us, absolutely, of our solitary existence. They frame an absence that, for all its geometric beauty and beguiling shadow, reminds us repeatedly that we all long for something more.

Anwesenheit – Abwesenheit
Ouriel Morgensztern

Presence Amid Absence
Ouriel Morgensztern

Rolf H. Johannsen

Auch im Ausschnitt und Anschnitt unverkennbar: Frank O. Gehrys Guggenheim-Museum in Bilbao und die riesenhafte Spinnenfigur *Maman* („Mutter") von Louise Bourgeois, beides ikonische Werke des 20. Jahrhunderts. An den Leib eines Insekts erinnert der sich nach Südosten erstreckende Ausstellungsflügel des Museums **(Abb. 1)**. Die Szenerie wirkt gespenstisch, auch ohne die Spinne. Wie von Geisterhand gesetzt, türmen sich die Elemente auf **(Abb. 2)**. Asymmetrisch geformte, vielfach facettierte bauchige Volumen und Flächen wölben sich vor einem unwirklichen Himmel, geraten in Bewegung und scheinen zu tanzen. In ihrem Inneren verbirgt sich das Atrium des Museums. Geradezu banal, im Kontrast zur „Reinheit" der Formen, stehen das vom linken Rand der Fotografie angeschnittene Flugdach über einer der Museumsterrassen und die ebenso angeschnittene Brücke über den Nervión hinter dem Museumsflügel. Solche Elemente nehmen dem Gebäude und der Skulptur ihre „Unwirklichkeit" und könnten als Maßstab für die Größenverhältnisse dienen. Doch das Flugdach schwebt mehrere Geschosse über dem Boden, und die Entfernung der Brücke vom Museum ist nicht abzuschätzen. Nötig wären Menschen – Passanten oder Museumsbesucherinnen –, die den „Maßstab" angeben. Doch wie stets in den Architektur- und Landschaftsfotografien von Ouriel Morgensztern: Der Mensch selbst bleibt abwesend. Lediglich Spuren, die er hinterlässt, seien es Kunstwerke oder Gebäude, bestellte Felder oder ein Weg, der sich im Dunst verliert **(Abb. 3)**, zeugen von seiner Existenz.

Geboren 1976 in Paris, wächst Ouriel Morgensztern in der okzitanischen Kleinstadt Gaillac auf – ein Ort, der ihn ebenso wie das nahe gelegene Toulouse prägt und an den er immer wieder zurückkehrt. Doch weniger die klassischen Sehenswürdigkeiten, etwa die über dem Tarn liegende mittelalterliche Abteikirche in Gaillac oder die imposanten backsteinernen Kirchen- und Klosterbauten von Toulouse, wecken sein fotografisches Interesse, sondern vielmehr das Unscheinbare, wie die Fassade einer Boulangerie-Pâtisserie in Gaillac **(Abb. 4)**. Die Fassade wirkt unspektakulär; dutzendfach ist sie in ähnlicher Form in südfranzösischen Orten zu finden. Und doch trägt auch sie, wie die Abteikirche von Gaillac, Geschichte in sich. Das Ladenschild scheint neu; Regenrohr und Fensterläden könnten einen Anstrich gebrauchen, Stromkabel sind nachlässig unter den Gesimsen angebracht, und der ansonsten intakte Verputz bröckelt links über dem Schild: Es sind sämtlich unscheinbare

Even when cropped or bleeding off the frame, they are instantly recognizable: Frank O. Gehry's Guggenheim Museum in Bilbao and Louise Bourgeois's gigantic spider *Maman* ("Mother"), two icons of twentieth-century art. The museum's southeast-facing exhibition wing resembles the body of an insect **(Fig. 1)**. The scene feels ghostly, even without the spider. The elements pile up as if arranged by an invisible hand **(Fig. 2)**. Asymmetrically shaped and many-faceted, the bulging volumes and planes swell against an otherworldly sky, creating the impression of movement, almost as if they are dancing. Concealed from view is the museum's atrium. In stark contrast to the purity of the forms, the cantilevered roof of one of the museum's terraces, cropped at the left edge of the photograph, and the bridge over the Nervión, likewise cropped at the edge behind the museum wing, come across as downright banal. Such elements strip the building and the sculpture of their "irreality" and could serve as a reference for scale. Yet the cantilevered roof hovers several stories above the ground, making it impossible to estimate the distance between the bridge and the museum. Human figures, whether passersby or museum visitors, would help provide a sense of scale. But as always in Ouriel Morgensztern's architectural and landscape photographs, humans are nowhere to be found. Only the traces they leave behind—artworks or buildings, cultivated fields, or paths fading into the mist **(Fig. 3)**—bear witness to their presence.

Born in Paris in 1976, Ouriel Morgensztern grew up in the small Occitan town of Gaillac, which—like nearby Toulouse—shaped him and draws him back again and again. It is not the classic tourist attractions—like the medieval abbey church overlooking the Tarn in Gaillac or the imposing brick churches and monastic buildings of Toulouse—that capture his photographic interest; rather, he is drawn to the inconspicuous, such as the façade of a boulangerie-pâtisserie in Gaillac **(Fig. 4)**. The façade seems unspectacular; dozens like it can be found in towns throughout the south of France. Yet, much like the abbey church in Gaillac, it too carries history within it. The shop sign looks new, but the drainpipe and shutters could do with a fresh coat of paint, the electrical cables are carelessly attached beneath the cornices, and the otherwise intact plaster crumbles above the sign to the left. These are all subtle elements easily overlooked in passing, but they lend the façade its individuality—much as wrinkles make a face unique.

Elemente, die im flüchtigen Vorübergehen leicht übersehen werden, der Fassade aber Individualität verleihen – so wie die Falten das Gesicht eines Menschen „einzigartig" machen.

Ob Zufall oder nicht, Morgensztern verwendet für die Fassade der Boulangerie-Pâtisserie ebenso wie für zwei auf freiem Feld stehende Bäume, die knapp über dem Boden miteinander verwachsen scheinen (Abb. 5), das in der Porträtmalerei und -fotografie übliche Hochformat, für seine Landschaftsfotografien hingegen fast ausschließlich das tradierte liegende Querformat. In Toulouse selbst faszinierten ihn gleichermaßen die in Backstein errichteten mittelalterlichen Bauten wie die zahlreichen Art-déco-Gebäude der Stadt. Hier entdeckte er das Werk des Fotografen Jean Dieuzaide, der ihn neben Brassaï, László Moholy-Nagy und André Kertész maßgeblich prägt. Ansässig in Toulouse, spezialisierte sich Dieuzaide auf das Fotografieren historischer Bauten für populäre Bild- und Kunstbände, fotografierte aber ebenso in *Dalí dans l'eau, Cadaqués* (1951) den Künstler im Meer schwimmend – den Blick starr in die Kamera gerichtet, sein Markenzeichen, den bogenförmig gezwirbelten Schnurrbart, mit Blüten geschmückt. Außerdem dokumentierte er 1959 den Neubau des Marché Victor-Hugo in Toulouse (Abb. 6), den auch Morgensztern, wenn auch aus einem anderen Blickwinkel, fotografierte (Abb. 7). In beiden Fällen stehen nicht die Gebäude als funktionale Strukturen im Zentrum, sondern die formalen Qualitäten und die Wirkung des Lichts auf die Architektur – und damit auch auf unsere Wahrnehmung.

Dieuzaide gehörte 1963 zu den Mitbegründern der Gruppe *Libre expression* („freie Meinungsäußerung"), die an die Ideen der Bewegung *subjektive fotografie* in Deutschland anknüpfte. Der Ankündigungstext zu einer Ende der 1980er-Jahre vom Institut für Auslandsbeziehungen in Stuttgart organisierten Wanderausstellung formulierte es so: „Die Künstlerinnen und Künstler streben nicht die objektive Wiedergabe der Wirklichkeit an, sondern ihre bildhafte Deutung, die persönliche Interpretation durch subjektive Bildvorstellungen. Ergebnis ist eine formbewusste Strukturfotografie in Schwarz-Weiß mit betont graphischen Werten."[1] Dieses Credo lässt sich ohne Weiteres auf die Fotografien von Dieuzaide und Morgensztern übertragen. Zu den Ausdrucksmitteln der *subjektiven fotografie*, die sich im Werk von Morgensztern finden, zählen extreme Bildausschnitte, die Motive abstrakt erscheinen lassen können, die Betonung grafischer Strukturen, insbesondere linearer

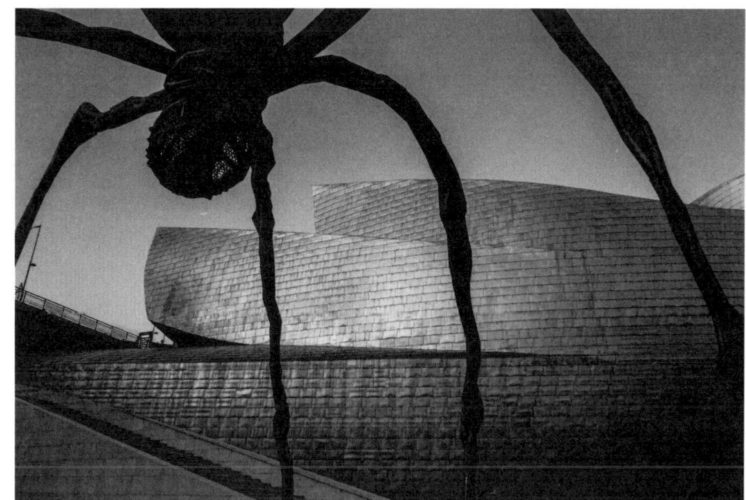

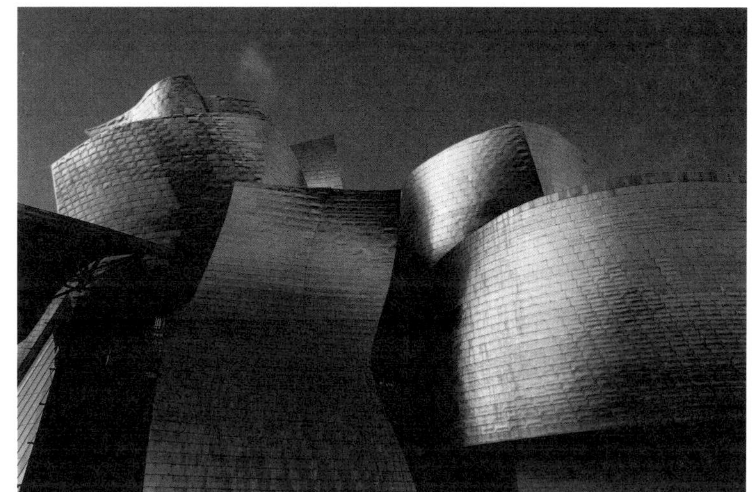

Abb. | Fig. 1
Ouriel Morgensztern
*Guggenheim Museum
Bilbao*, 2024
Digitalfotografie |
Digital photography
Der Künstler | The artist

Abb. | Fig. 2
Ouriel Morgensztern
*Guggenheim Museum
Bilbao*, 2024
Digitalfotografie |
Digital photography
Der Künstler | The artist

Abb. | Fig. 3
Ouriel Morgensztern
Gaillac, 2019
Digitalfotografie |
Digital photography
Der Künstler | The artist

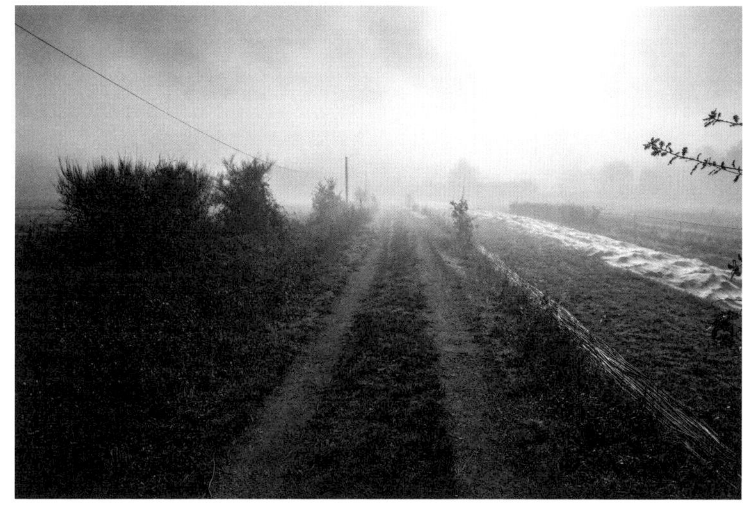

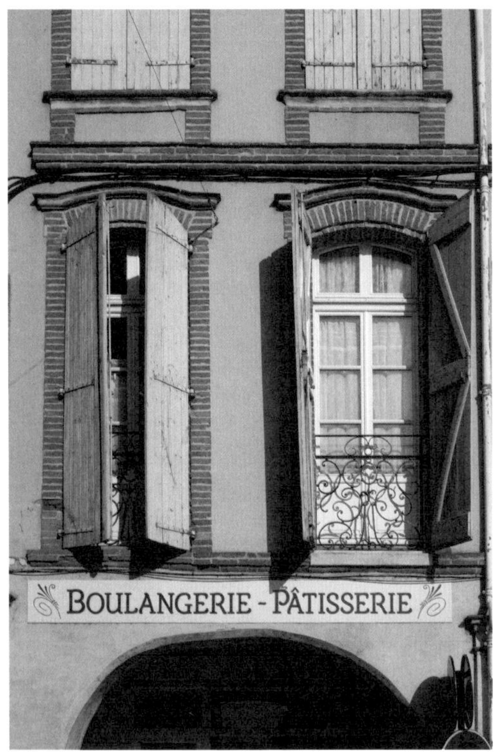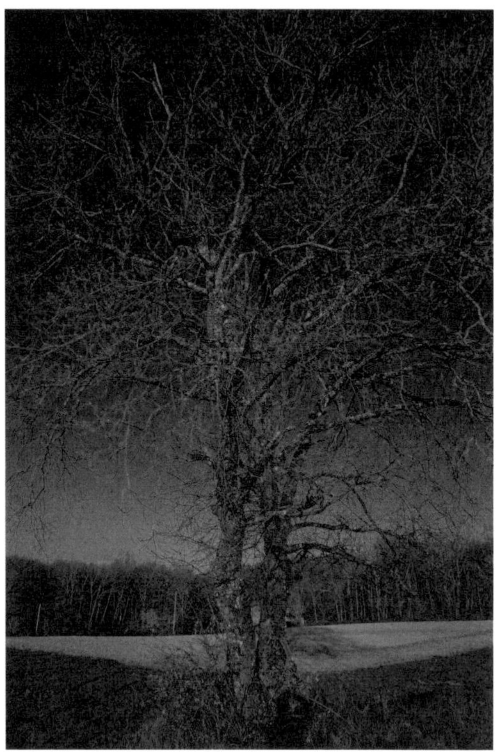

Elemente in Architekturaufnahmen, sowie grell beleuchtete Flächen, die unvermittelt auf tiefschwarz verschattete Zonen treffen. Beispiele hierfür sind der bereits erwähnte Marché Victor-Hugo in Toulouse und das Asia House in Tel Aviv **(Abb. 8)**, das von Mordechai Ben-Horin errichtet und 1979 eröffnet wurde: Das Gebäude steht in der Nachfolge der Bauhaus-Architektur, die in Tel Aviv eine starke Tradition hat. Morgensztern interessiert dabei nicht das Gebäude als Ganzes, sondern die Strukturen der Fassade, die im Aus- bzw. Anschnitt wiedergegeben sind, sowie das Spiel von Licht und Schatten.

  Neben den genannten Fotografen prägten auch zwei Maler des 20. Jahrhunderts Morgenszterns fotografisches Werk maßgeblich: Mark Rothko und Pierre Soulages. Beide arbeiteten mit einer reduzierten Farbpalette. Im Fall von Rothko gipfelte sie in den späten 1960er-Jahren in der Serie *Black on Gray* **(Abb. 9)**. Wie Rothko in *Black on Gray* lotet auch Soulages in seiner Malerei die Möglichkeiten der unbunten Farben Weiß, Grau und insbesondere Schwarz aus. Doch anders als Rothko setzt Soulages zum Schwarz gelegentlich Buntfarben, etwa Grün oder Braun. Diese entwickeln jedoch kaum Eigenwert, sondern werden beim Betrachten vielmehr als farbliche Variationen oder

Whether by coincidence or design, Morgensztern turns to the portrait format, standard in portrait painting and photography, not only for the façade of the boulangerie-pâtisserie, but also for two trees in an open field that appear to have fused just above the ground **(Fig. 5)**. His landscapes, by contrast, almost without exception adopt the traditional horizontal frame. In Toulouse itself, he was drawn as much to the medieval brick architecture as to the city's wealth of Art Deco buildings. It was there that he discovered the work of photographer Jean Dieuzaide, who, alongside Brassaï, László Moholy-Nagy, and André Kertész, left a lasting mark on him. Dieuzaide, based in Toulouse, specialized in photographing historical architecture for popular picture and art books, but he also captured, in *Dalí dans l'eau, Cadaqués* (1951), the artist swimming in the sea, staring directly at the camera, his trademark arched mustache adorned with blossoms. In 1959, Dieuzaide documented the construction of the new Marché Victor-Hugo in Toulouse **(Fig. 6)**, which Morgensztern would later photograph as well, albeit from a different vantage point **(Fig. 7)**. In both instances, the focus is not on the buildings as functional structures but on their formal qualities and the way light plays across the architecture, shaping our perception in the process.

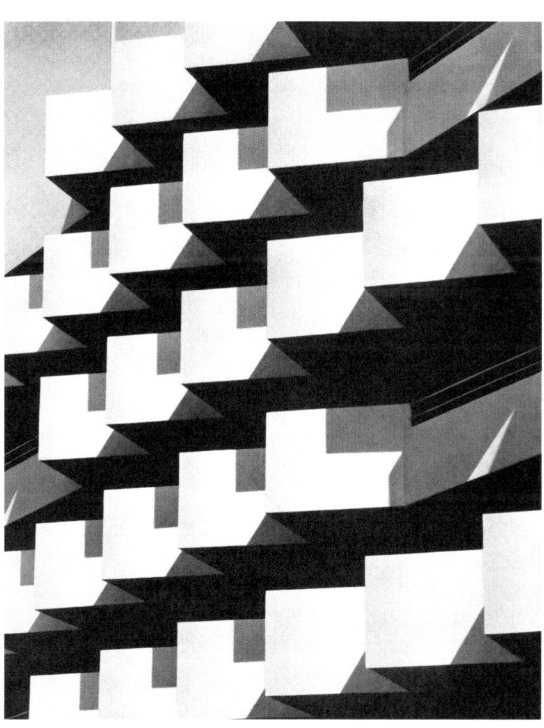

Abb. | Fig. 6
Jean Dieuzaide
Marché Victor-Hugo,
Toulouse, 1959
Schwarz-Weiß-
Fotografie | *Black and white photography*

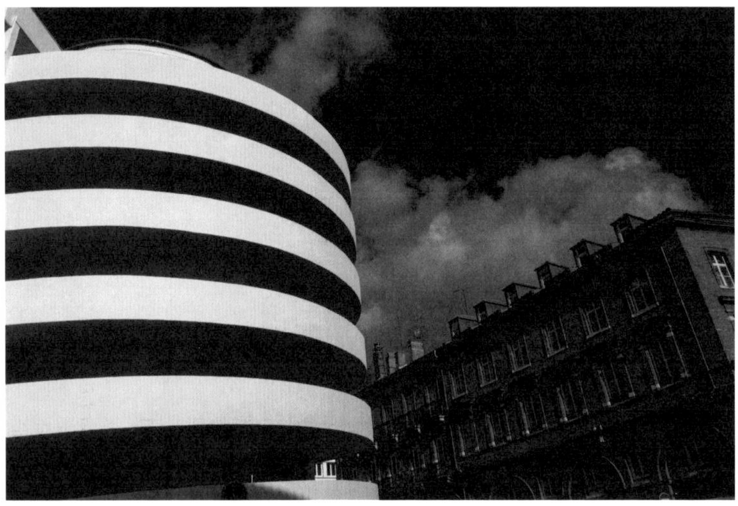

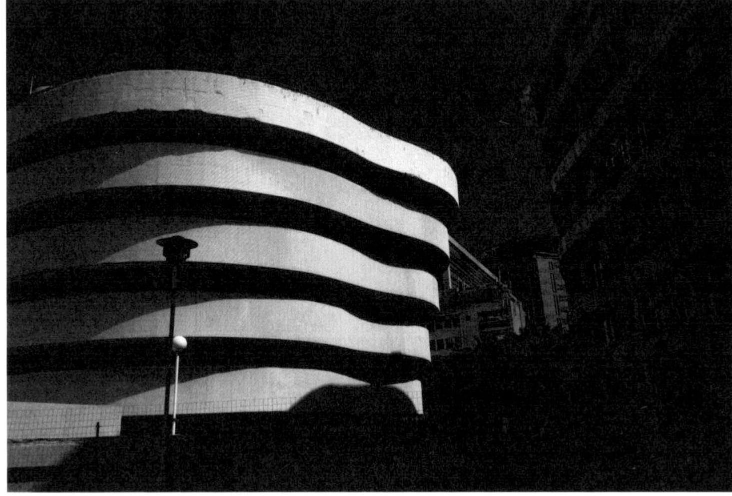

Erweiterungen von Schwarz wahrgenommen **(Abb. 10)**. Seine *Outrenoirs* ausgenommen, in denen das Licht Akzente setzt **(Abb. 11)**, ist bei Soulages wie in Rothkos Serie *Black on Gray* und Morgenszterns Fotografien Schwarz nicht gleich Schwarz, sondern fächert sich in unendlich vielen Nuancen auf.

Morgensztern ist ein Reisender, ein Weltbürger. Dem Werk von Rothko begegnete er in New York; das von Soulages entdeckte er im nordöstlich von Gaillac gelegenen Rodez, dem Geburtsort von Soulages, wo 2014 ein Museum zu dessen Ehren errichtet wurde. Von August 2001 bis 2003 lebte Morgensztern in New York. Er fotografierte die Brooklyn Bridge und in der Wall Street **(Abb. 12–13)**, wobei ihn hier – wie stets – weniger die Bauwerke selbst als vielmehr deren formale Qualitäten

In 1963, Dieuzaide became one of the founding members of *Libre expression* ("Free Expression"), a group that drew on the ideas of the Subjective Photography movement in Germany. The announcement text for a traveling exhibition organized by the Institut für Auslandsbeziehungen ("Institute for Foreign Cultural Relations") in Stuttgart in the late 1980s described it as follows: "The artists are not concerned with the objective representation of reality, but with its pictorial interpretation—their personal vision shaped by subjective visual imagination. The result is a form-conscious structural photography in black and white with an emphasis on graphic values."[1] These ideas carry over seamlessly to the photographs of Dieuzaide and Morgensztern. Among the expressive tools of Subjective Photography evident in Morgensztern's work are tight croppings, which can render motifs abstract; an emphasis on graphic structures, particularly linear elements in his architectural images; and brightly illuminated surfaces that abruptly meet deep, shadowed areas. Examples include his photographs of the previously mentioned Marché Victor-Hugo in Toulouse and the Asia House in Tel Aviv **(Fig. 8)**, designed by Mordechai Ben-Horin and opened in 1979. The building stands in the lineage of Bauhaus architecture, which has a strong presence in Tel Aviv. Morgensztern is

Abb. | Fig. 9
Mark Rothko
Ohne Titel | Untitled,
1969–70
Acryl auf Leinwand |
Acrylic on canvas,
198,1 × 168,2 cm
Museum of Modern Art,
New York, gift of
The Mark Rothko
Foundation, Inc.

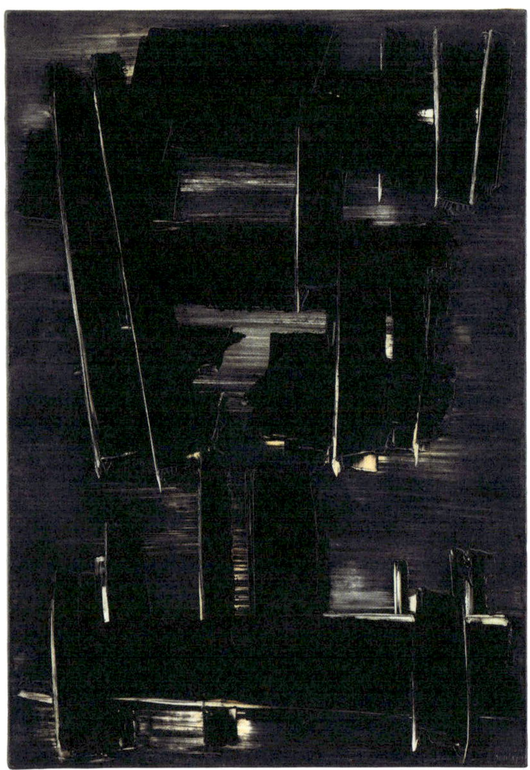

Abb. | Fig. 10
Pierre Soulages
Ohne Titel | Untitled,
1958
Öl auf Leinwand | Oil
on canvas, 162 × 114 cm
Musée Soulages Rodez

Abb. | Fig. 11
Pierre Soulages
Polyptychon I |
Polyptych I, 1986
Öl auf Leinwand, vier-
teilig | *Oil on canvas,*
four parts, 324 × 362 cm
Musée Soulages Rodez

less concerned with the building as a whole than with the structures of the façade, often captured in partial view or croppings, and with the interplay of light and shadow.

In addition to the photographers already mentioned, two twentieth-century painters also had a significant impact on Morgensztern's photographic work: Mark Rothko and Pierre Soulages. Both worked with a reduced color palette. For Rothko, this culminated in the *Black on Gray* series in the late 1960s **(Fig. 9)**. Like Rothko, Soulages explored the possibilities of achromatic colors—white, gray, and predominantly black. However, unlike in Rothko's *Black on Gray*, Soulages occasionally added touches of color, such as green or brown. These touches, however, possess little autonomous weight and are perceived more as variations or extensions of black **(Fig. 10)**. With the exception of his *Outrenoirs*, in which light plays a role **(Fig. 11)**, black in Soulages' work—as in Rothko's *Black on Gray* series and Morgensztern's photographs—is never uniform but unfolds into an almost infinite range of nuances.

Morgensztern is a traveler, a citizen of the world. He encountered Rothko's work in New York. Soulages's work he discovered northeast of Gaillac, in Rodez—Soulages's birthplace—where a museum honoring the artist opened in 2014. From August 2001 to 2003, Morgensztern lived in New York. He photographed the Brooklyn Bridge and Wall Street **(Figs. 12–13)**, where, as always, he was less interested in the buildings themselves than in their formal qualities. Time and again, he was drawn to Tel Aviv, particularly captivated by the University Medical Center and the Sourasky Central Library, both for their formal qualities and their dissimilarities **(Figs. 14–15)**. Both buildings were constructed between the mid-1960s and early 1970s: the Medical Center was designed by Arieh Sharon, an Israeli architect born in Galicia and educated in Brno **(Figs. 16–17)** as well as at the Bauhaus in Dessau, while the library was designed by Shulamit Nadler, an architect native to Tel Aviv. In one instance, the façade functions as a graphic structure with a pronounced play of light and shadow; in the other, it is a building mass that appears to push forward toward a solitary palm tree (comparable to the museum in Bilbao). This is Bauhaus versus Brutalism; the latter a style that—unlike the Bauhaus—has only recently come to be appreciated again.

The examples so far show that Morgensztern brings about his photographs by traveling, by walking. What drives

interessierten. Immer wieder zog es ihn nach Tel Aviv, wo ihn das Medizinische Institut der Universität und die Sourasky Central Library aufgrund ihrer formalen Qualitäten wie auch Gegensätzlichkeit besonders fesselten **(Abb. 14–15)**. Beide Bauten entstanden zwischen Mitte der 1960er- und Anfang der 1970er-Jahre: das Medizinische Institut nach Plänen des in Galizien geborenen, in Brünn/Brno **(Abb. 16–17)** und am Bauhaus in Dessau ausgebildeten israelischen Architekten Arieh Sharon, die Bibliothek nach Entwürfen der in Tel Aviv geborenen Architektin Shulamit Nadler: Auf der einen Seite die Fassade als grafische Struktur mit ausgeprägtem Licht- und Schattenspiel, auf der anderen Seite ein Baukörper, der sich wie ein Volumen in Richtung einer einsamen Palme vorzuschieben scheint (vergleichbar

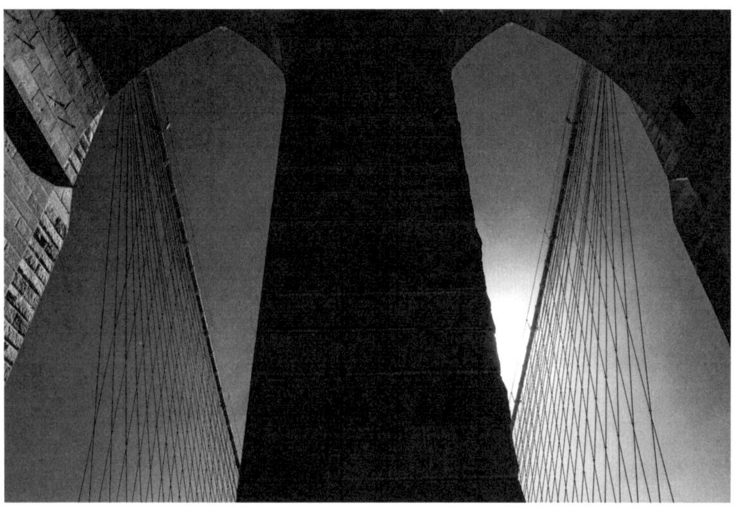

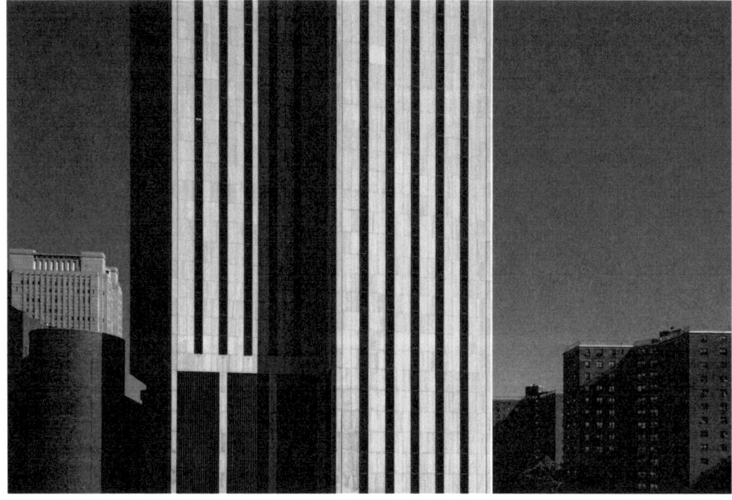

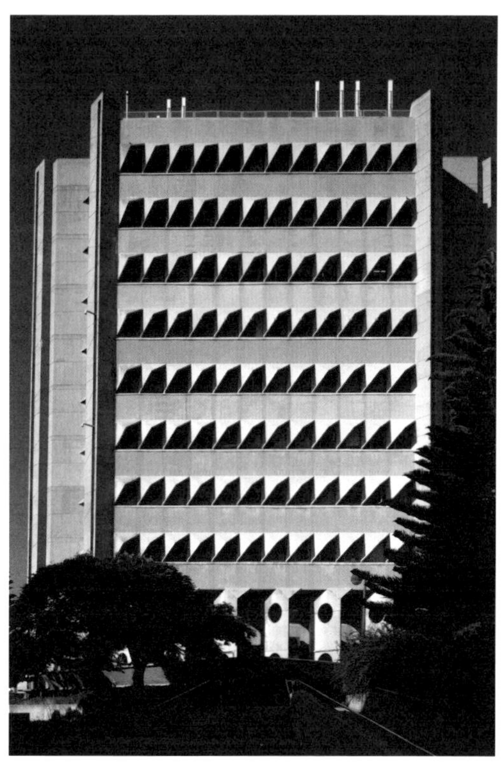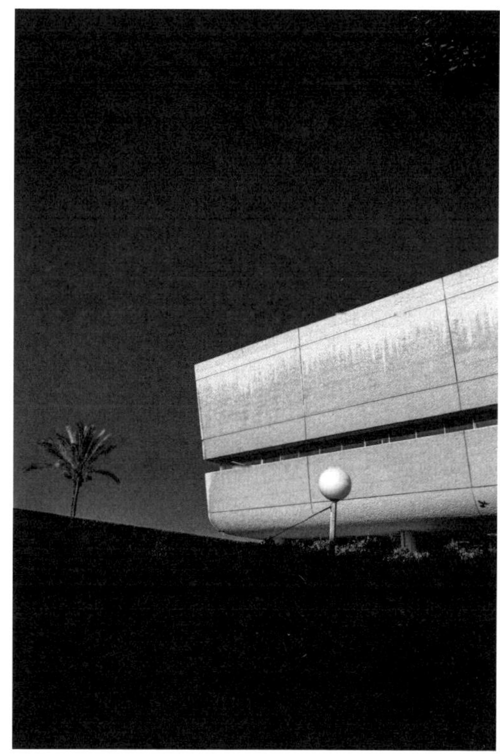

Abb. | Fig. 14
Ouriel Morgensztern
*Gray Faculty of Medical
and Health Sciences*,
Tel Aviv University, 2019
Digitalfotografie |
Digital photography
Der Künstler | The artist

Abb. | Fig. 15
Ouriel Morgensztern
Sourasky Central Library,
Tel Aviv University, 2019
Digitalfotografie |
Digital photography
Der Künstler | The artist

him is his passion for architecture—especially Bauhaus and Brutalism—and for cities: New York, Tel Aviv, Paris (where he met his future wife, Jasmin), and Vienna. All are places to which he has biographical ties. Yet Morgensztern is not only retracing his own path, but also those of others—such as the fifteen-year-old Jewish girl Dora Bruder, whose fate he learned about through Patrick Modiano's book *Dora Bruder* (1997; English translation, 1999). Like Modiano—who in 1988 came across the girl's missing-person notice in the December 31, 1941, issue of *Paris-Soir* and began researching her in the archives—Morgensztern, too, sets out on a search for such traces with his camera. The biographies of Modiano and Morgensztern both connect to the neighborhood around Boulevard Ornano in the 18th arrondissement, where the girl's parents had lived. Modiano's research yielded little more than bare facts. At the end of his book, he wanders through Paris in an effort to track down Dora Bruder. Yet she remains absent, elusive. Morgensztern conveys this with sublime subtleness, in images where Dora Bruder's absence seems inscribed (Figs. 18–19). Modiano's text and Morgensztern's photographs alike are biography, autobiography, and fictional biography all at once.

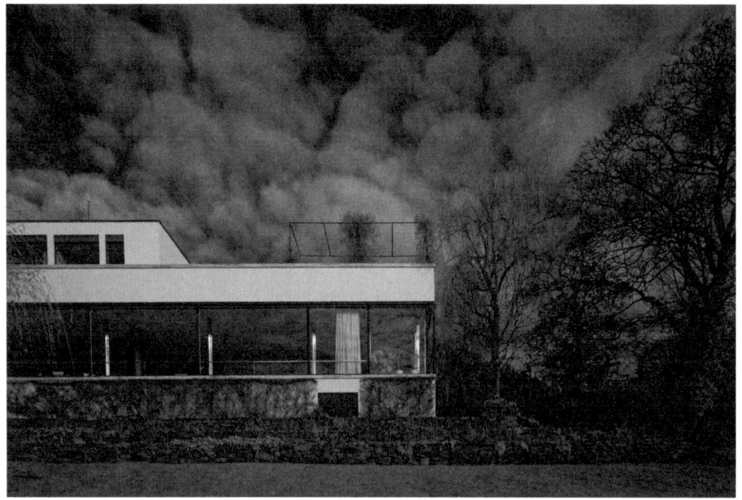

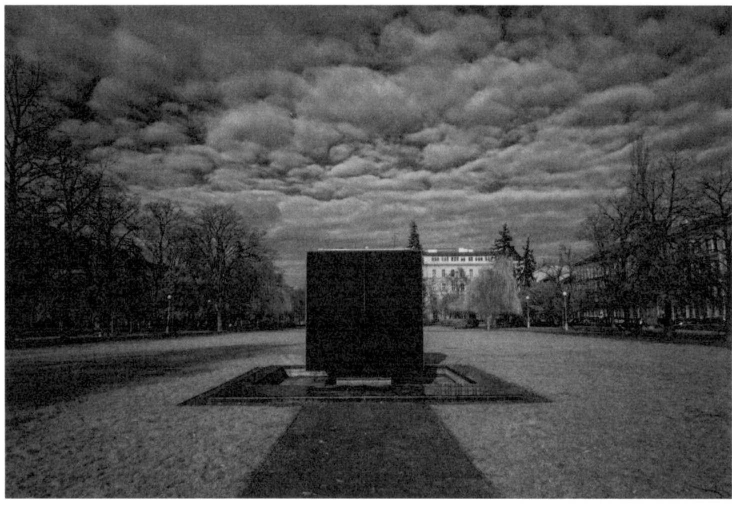

Abb. | Fig. 16
Ouriel Morgensztern
Villa Tugendhat,
Brünn/Brno, 2023
Digitalfotografie |
Digital photography
Der Künstler | The artist

Abb. | Fig. 17
Ouriel Morgensztern
Holocaust Memorial,
Brünn/Brno, 2023
Digitalfotografie |
Digital photography
Der Künstler | The artist

dem Museum in Bilbao). Es ist Bauhaus versus Brutalismus, ein Stil in der Architektur, der – anders als das Bauhaus – erst in jüngster Zeit wieder Wertschätzung erfährt.

Die bisherigen Beispiele zeigen, dass Morgensztern seine Fotografien erreist und erwandert. Antrieb sind seine Leidenschaft für die Architektur, insbesondere die des Bauhauses und des Brutalismus, sowie für Städte – insbesondere New York, Tel Aviv, Paris, wo er seine spätere Frau Jasmin kennenlernte, und Wien. Alles Orte, zu denen er auch biografische Verbindungen hat. Doch sind es nicht nur eigene Spuren, denen Morgensztern folgt, sondern auch die anderer Menschen, etwa die der fünfzehnjährigen Jüdin Dora Bruder, auf deren Schicksal Morgensztern durch den Roman Dora Bruder (1997, dt. 1998)

For the past two decades, Morgensztern has made Vienna his home. It is where he married Jasmin and where their children, Samuel and Naomi, were born. Just as he approaches the museum building in Bilbao and other places such as Gaillac and New York, he engages with the Austrian capital and its surroundings by following traces: vestiges of Jewish life long past in Baden near Vienna, as well as those of contemporary Jewish life in Vienna. Absence and presence are central themes here as well. Although the deceased are physically absent, their presence endures in gravestones at the Jewish cemetery in Baden.[2] The same holds for the townscape of Baden: the sites of Jewish life still stand, yet the people who once inhabited and brought these sites to life are no longer there.[3] A few years ago, the Jüdisches Museum Wien dedicated an exhibition, *Rendezvous in Vienna,*[4] to the rebirth of Jewish life in the city after its near-total annihilation during the Shoah, using Morgensztern's photographs as the foundation.

Morgensztern's photographs, despite the absence of people, always convey a sense of human presence. This is also true of one of his most recent projects: retracing the filming locations and scenes from *The Third Man* in Vienna. Harry Lime, the protagonist of the 1949 classic, is believed dead and thus largely absent from view, yet he drives the action at every turn of the story. A similar dynamic of absence and presence can be seen in Morgensztern's photographs of the Heidi Horten Collection. The museum, opened to the public in June 2022, was designed for visitors, yet none appear in his images. Do we feel their absence? Is it the people who are missing—or the art for which the building was ultimately created? Neither, for as in Morgensztern's other photographic work, both people and art remain present even in their absence.

So far, three photographers have directed their attention to the building housing the Heidi Horten Collection. Stefan Oláh was the first to follow and document the transformation of the former Albertina annex into a museum **(Figs. 20–21)**,[5] and Rupert Steiner captured the completed, but still unoccupied, building in his photographs **(Figs. 22–23)**.[6] Both maintain a distanced perspective, representing the subject in its totality. By visualizing the space and spatial configurations in a "factual" manner, they make the building "legible." Morgensztern, on the other hand, approaches his photographic subjects in a very personal way. Whether of his hometown of Gaillac, the streets

des Literaturnobelpreisträgers Patrick Modiano aufmerksam wurde. Wie Modiano, der 1988 in einer Ausgabe von *Paris-Soir* vom 31. Dezember 1941 auf die Vermisstenanzeige des Mädchens stößt und in Archiven nach ihr zu recherchieren beginnt, begibt sich auch Morgensztern mit seiner Kamera auf Spurensuche. Die Biografien von Modiano und Morgensztern sind mit dem Viertel um den Boulevard Ornano im 18. Arrondissement verbunden, wo die Eltern des Mädchens lebten. Modianos Recherchen ergeben nicht viel mehr als Eckdaten. Am Ende seines Buches streift Modiano durch Paris, um Dora Bruder nachzuspüren. Doch sie bleibt abwesend, ist nicht fassbar. Auf sublime Art bringt Morgensztern dies in seinen Fotografien zum Ausdruck, in denen die Abwesenheit Dora Bruders eingeschrieben scheint **(Abb. 18–19)**. Modianos Text wie Morgenszterns Fotografien sind Biografie, Autobiografie und fiktive Biografie in einem.

Morgensztern lebt seit zwei Jahrzehnten in Wien, wo er Jasmin heiratete und die gemeinsamen Kinder Samuel und Naomi geboren wurden. Ebenso wie dem Museumsbau in Bilbao, wie Gaillac, New York und zahlreichen anderen Orten nähert er sich auch der österreichischen Hauptstadt und ihrer Umgebung auf vielfältige Weise, nicht zuletzt, indem er Spuren verfolgt: Spuren vergangenen jüdischen Lebens in Baden bei Wien ebenso wie Spuren heutigen jüdischen Lebens in Wien. Abwesenheit und Anwesenheit sind auch hier zentrale Themen. Die Verstorbenen sind abwesend, dennoch sind sie in ihren Grabsteinen auf dem jüdischen Friedhof in Baden weiterhin gegenwärtig.[2] Das Gleiche gilt für das Stadtbild Badens: Die Orte jüdischen Lebens bestehen fort, doch die Menschen, die sie einst belebten und bewohnten, sind verschwunden.[3] Dem neuen jüdischen Leben in Wien, das nach seiner fast vollständigen Auslöschung in der Shoa wiederauflebt, widmete das Jüdische Museum der Stadt vor wenigen Jahren anhand von Morgenszterns Fotografien die Ausstellung *Rendezvous in Wien*.[4]

Morgenszterns Fotografien beinhalten bei aller Abwesenheit des Menschen auch stets dessen Anwesenheit. Dies gilt auch für eines seiner jüngsten Projekte: die Spurensuche nach den Dreh- und Handlungsorten von *Der Dritte Mann* in Wien. Harry Lime, die Titelfigur des Filmklassikers von 1949, ist, da tot geglaubt, über weite Strecken physisch nicht anwesend und dennoch Handlungsträger des Films. Ein vergleichbares Spiel von Abwesenheit und Anwesenheit zeigt sich in Morgenszterns Fotografien der Heidi Horten Collection. Das im Juni 2022

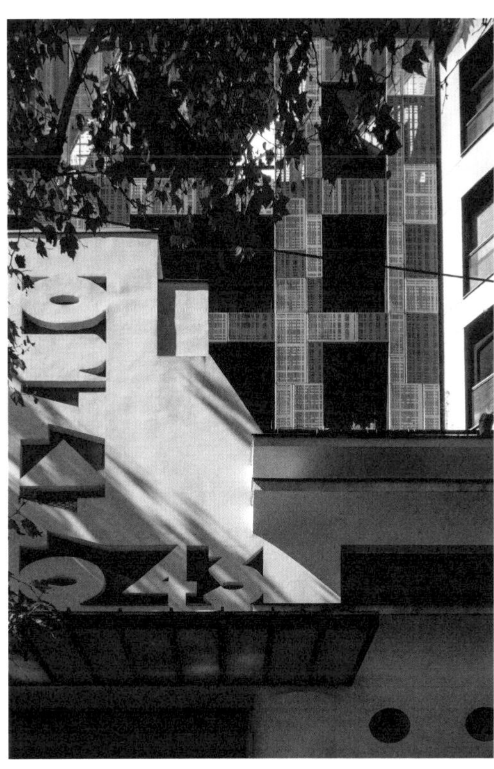

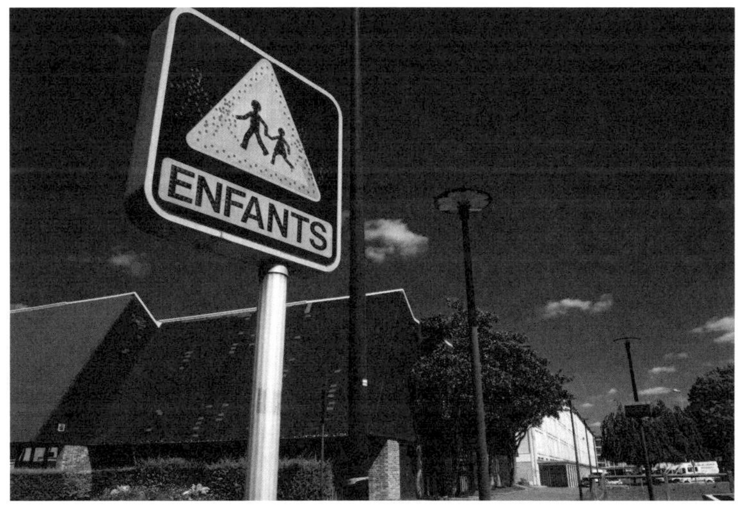

Abb. | Fig. 18
Ouriel Morgensztern
43 Boulevard Ornano,
Paris, 2024
Digitalfotografie |
Digital photography
Der Künstler | The artist

Abb. | Fig. 19
Ouriel Morgensztern
Drancy, 2024
Digitalfotografie |
Digital photography
Der Künstler | The artist

eröffnete Haus ist für die Öffentlichkeit bestimmt. Dennoch sucht man Menschen, Besuchende, in Morgenszterns Fotografien vergebens. Aber vermisst man sie? „Fehlen" sie oder die Kunst, für die das Haus letztlich errichtet wurde? Nein, denn die Menschen und damit die Kunst sind, wie in den Morgenszterns anderen Fotoarbeiten, auch in ihrer Abwesenheit gegenwärtig.

Drei Fotografen haben sich bisher mit dem Haus der Heidi Horten Collection auseinandergesetzt. Den Anfang machte Stefan Oláh, der den Umbau des ehemaligen Nebengebäudes der Albertina zum Museum fotografisch verfolgte und dokumentierte **(Abb. 20–21)**;[5] Rupert Steiner zeigt in seinen Fotografien das fertiggestellte, noch unbespielte Haus **(Abb. 22–23)**.[6] Beide bewahren den distanzierenden Blick, erfassen ihren Gegenstand als Ganzes, „sachlich" veranschaulichen sie Raum und Raumkonfigurationen, machen mithin den Bau in seiner Funktion „lesbar". Morgensztern hingegen eignet sich seinen fotografischen Gegenstand grundsätzlich auf ganz persönliche Weise an – sei es sein Heimatort Gaillac, seien es die Straßen, die Dora Bruder gegangen sein könnte, seien es Tel Aviv, New York, Wien oder eben das Museum der Heidi Horten Collection im Hanuschhof. Wie in seinen künstlerischen Arbeiten üblich, nahm Morgensztern sich auch Letzterem ohne Auftrag an, allein aus eigenem Antrieb. Das einzige Zugeständnis seitens des Museums: Er konnte zu den Schließzeiten, also ohne Publikumsverkehr, im Haus fotografieren. Morgensztern fühlte sich in den Raum und die Architektur ein, was ihn noch nicht von den beiden anderen genannten Fotografen unterscheidet. Doch während diese ihren Gegenstand, sei es die Baustelle oder der vollendete Bau, „objektiv" nachvollziehbar machen wollten, so lösen sich Morgenszterns Fotografien von ihrem Gegenstand, ohne ihn zu negieren. Treppenzüge, Raumecken, Fensterausblicke, Brüstungen bleiben erkennbar und sind im Zweifelsfall im Bau zu verorten, gewinnen jedoch bei Morgensztern eine eigene, atektonische Qualität, von der Architektur gelöst und unabhängig. Mit anderen Worten: Sie werden ihrer Funktion enthoben. So verwandelt sich die Untersicht einer Treppe in eine gestaffelte Lamellenwand, die sich im Hintergrund verliert **(S. 52)**. Licht tritt in vielfältiger Form in Erscheinung: Sonnenlicht fällt durch ein Oberlicht in den Raum, wirft ein feines Schattenspiel auf die mit Textil bespannte Westwand des Museums – schemenhaft scheinen die Außenfenster durch das Textil; scharf umgrenzt ist das in die Handläufe eingelassene

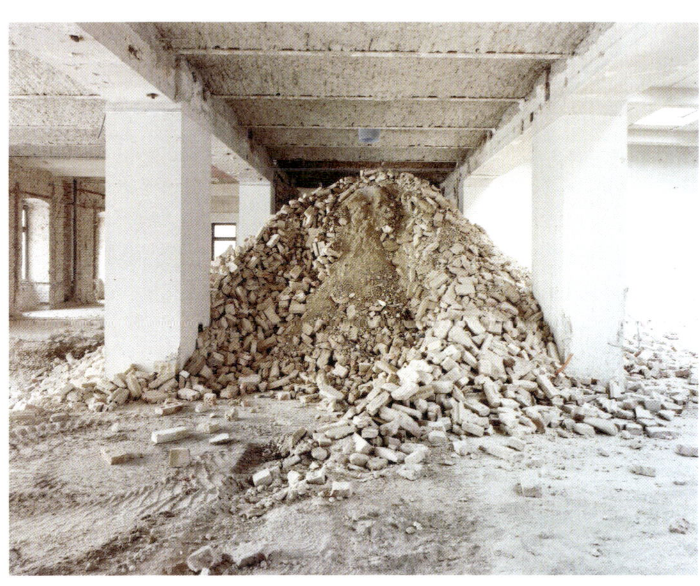

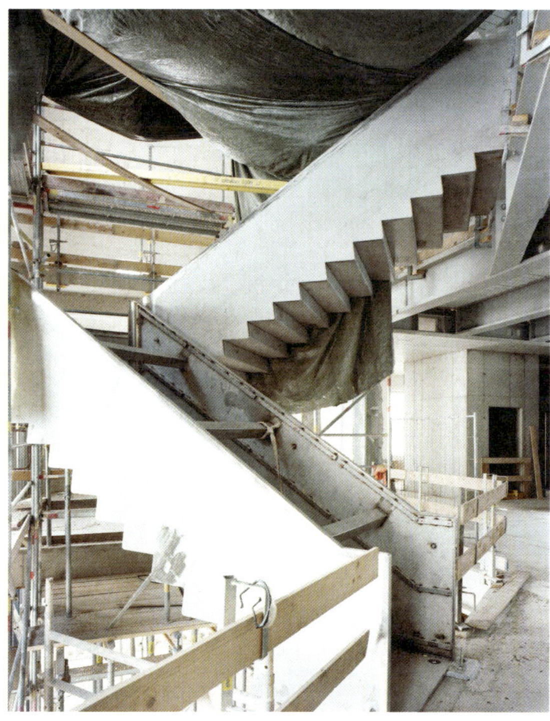

Abb. | Figs. 20–21
Stefan Oláh
Umbau des Stöckl-gebäudes zum Palais Goëss-Horten | *Con-version of the Stöckl Building into the Palais Goëss-Horten*, 2020–21
C-Print auf | on Alu-Dibond, 100 × 126 | 126 × 100 cm
Heidi Horten Collection

44

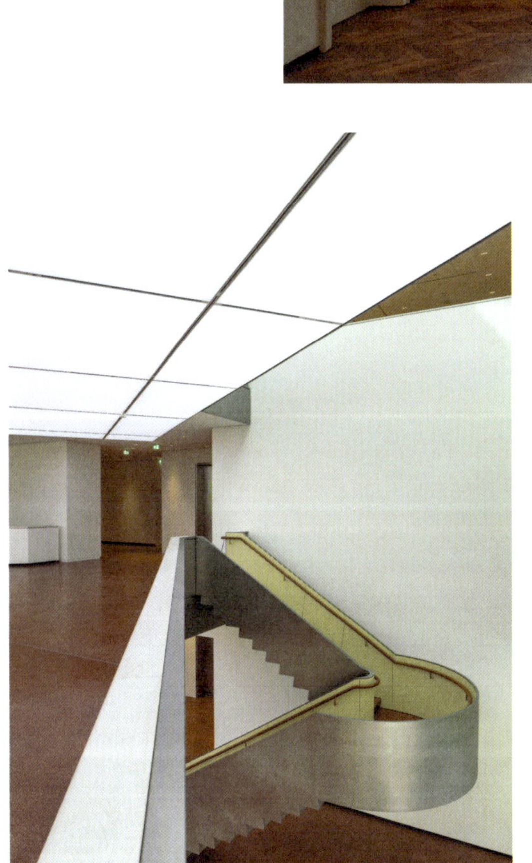

Abb. | Figs. 22–23
Rupert Steiner
Heidi Horten Collection,
2022
Digitalfotografie |
Digital photography
Heidi Horten Collection

that Dora Bruder might have walked, Tel Aviv, New York, Vienna, or, in this case, the Heidi Horten Collection museum in the Hanuschhof, he approaches them as he does all his subjects: without a commission and purely on his own initiative. The museum's only concession was to allow him to take photographs in the building after closing hours, when no visitors were present. Morgensztern immersed himself in the space and the architecture, which in itself does not distinguish him from the two photographers mentioned earlier. But while their aim was to make their subject (the construction site or the completed building) "objectively" comprehensible, Morgensztern's photographs detach themselves from their subject without denying its presence. In Morgensztern's photographs, flights of stairs, corners of rooms, window views, and balustrades remain recognizable, and, if need be, can still be identified as belonging to the building. Yet they take on an autonomous, a-tectonic quality—detached from the architecture and standing on their own. In other words, they are divested of their function. The underside of a staircase, for instance, transforms into a layered, slatted wall that dissolves into the background **(p. 52)**. Light manifests in various ways: As sunlight streams through a skylight into the space, it casts a delicate play of shadows onto the textile-covered western wall of the museum, with the exterior windows appearing as faint silhouettes on the fabric. By contrast, the strip of light embedded in the handrails is sharply defined, its glow softly reflected in the stair stringer **(p. 55)**. In another view, the staircase becomes an oversized, serrated clamp **(p. 53)**; balustrade, handrail, window divisions, and the play of light and shadow become letters, which in turn can be read as words **(back flap)**. The artworks themselves, which flash up here and there in the photographs—the bizarre chandelier by the artist group Gelatin (*Today Tomorrow Maybee*, 2010) or the light piece *Fucking Beautiful* (2000) by Tim Noble & Sue Webster—play only a secondary role **(pp. 63, 73)**. The same holds true for the museum visitors in the entrance area, who appear merely as indistinct silhouettes **(p. 79)**.

Ouriel Morgensztern's photographs of the Heidi Horten Collection exist in sublime tension with the architecture. They oscillate between recognizability and the spatial anchoring it affords, and an abstracting perception that detaches from the object. What becomes clear is that Morgensztern's approach and gaze are emphatically subjective. His goal is not the objective

Lichtband, mild reflektiert es an den Treppenwangen **(S. 55)**. In einer anderen Einstellung wird die Treppe zu einer überdimensionalen gezahnten Zange **(S. 53)**; Brüstung, Handlauf, Fenstereinteilungen, Licht- und Schattenspiele werden zu Buchstaben, die wiederum zu Worten zusammengesetzt werden können **(Umschlag hinten)**. Die Kunstwerke selbst, die hier und da in den Fotografien aufblitzen – der bizarre Kronleuchter der Künstlergruppe Gelatin (*Today Tomorrow Maybee*, 2010) oder die Lichtarbeit *Fucking Beautiful* (2000) von Tim Noble & Sue Webster – spielen nur eine Nebenrolle **(S. 63, 73)**. Das Gleiche gilt für die Besucherinnen und Besucher im Eingangsbereich des Museums, die lediglich schemenhaft zu erkennen sind **(S. 79)**.

Ouriel Morgenszterns Fotografien zur Heidi Horten Collection stehen in einem sublimen Spannungsverhältnis zur Architektur. Sie changieren zwischen Erkennbarkeit und damit Verortung einerseits und einer vom Gegenstand gelösten, abstrahierenden Wahrnehmung andererseits. Deutlich wird: Morgenszterns Herangehensweise und Blick sind betont persönlich. Nicht die objektive Wiedergabe der Wirklichkeit ist sein Ziel, sondern letztlich ihre zweifache subjektive Überblendung: Sein Blick durch die Kamera ist ein bewusst subjektiver, während zugleich die Rezeption der Betrachtenden individuell bleibt – geprägt von Biografie, Lebensumständen, Erwartungshaltungen und Erfahrungshorizonten. Ausschnitt und Anschnitt, Lichteinfall, Aufnahmewinkel sind seine Mittel, Anwesenheit bei gleichzeitiger Abwesenheit das Ergebnis.

1 J. A. Schmoll gen. Eisenwerth (Hg.), ‚*subjektive fotografie.' Der deutsche Beitrag 1948–1963*, Ausst.-Kat. Institut für Auslandsbeziehungen, Stuttgart, 2004; https://web.archive.org/web/20150919080619/https://media.ifa.de/Kunst/Fotografie-Film/subjektive-fotografie.html (letzter Aufruf 20.8.2025).

2 Elie Rosen, *Im Tod liegt die Unendlichkeit. Der jüdische Friedhof von Baden bei Wien. Vom Tod und Sterben im Judentum*, Wien 2023.

3 Elie Rosen, *Jüdisches Baden. Entdeckungsreisen – Spurensuche – Stadtwanderungen*, Wien 2022.

4 Astrid Peterle, Danielle Spera, *Ouriel Morgensztern. Rendezvous in Wien – Rendezvous in Vienna*, Ausst.-Kat. Jüdisches Museum Wien, Wien 2021.

5 Vgl. Agnes Husslein-Arco (Hg.), *Heidi Horten Collection. Das Haus und seine Geschichte*, München 2022, S. 44–49, 60–65, 90–97, 114–121, 142–149, 162–167.

6 Ebd., S. 1–19, 26f., 208–231.

reproduction of reality but rather a dual subjective superimposition: the photographer's view through the camera, deliberately subjective, and the viewer's personal reception—shaped by biography, circumstances, expectations, and experience. Cropping and framing, incidence of light, and camera angle are his means; presence amid absence, the result.

1 J. A. Schmoll gen. Eisenwerth, ed., *'subjektive fotografie.' Der deutsche Beitrag 1948–1963*, exh. cat. Institut für Auslandsbeziehungen (Stuttgart, 2004), https://web.archive.org/web/20150919080619/https://media.ifa.de/Kunst/Fotografie-Film/subjektive-fotografie.html (accessed on August 20, 2025).

2 Elie Rosen, *Im Tod liegt die Unendlichkeit. Der jüdische Friedhof von Baden bei Wien. Vom Tod und Sterben im Judentum* (Vienna, 2023).

3 Elie Rosen, *Jüdisches Baden. Entdeckungsreisen – Spurensuche – Stadtwanderungen* (Vienna, 2022).

4 Astrid Peterle and Danielle Spera, eds., *Ouriel Morgensztern. Rendezvous in Wien – Rendezvous in Vienna*, exh. cat. Jüdisches Museum Wien (Vienna, 2021).

5 See Agnes Husslein-Arco, ed., *Heidi Horten Collection. Das Haus und seine Geschichte* (Munich, 2022), pp. 44–49, 60–65, 90–97, 114–121, 142–149, 162–167.

6 Husslein-Arco 2022 (see note 5), pp. 1–19, 26–27, 208–31.

ORT
Ouriel Morgensztern

Alle Werke | **All works**
Silbergelatineabzug
auf Barytpapier | Silver
gelatine print on fibre
paper
90 × 60 | 60 × 90 cm
2022–2025

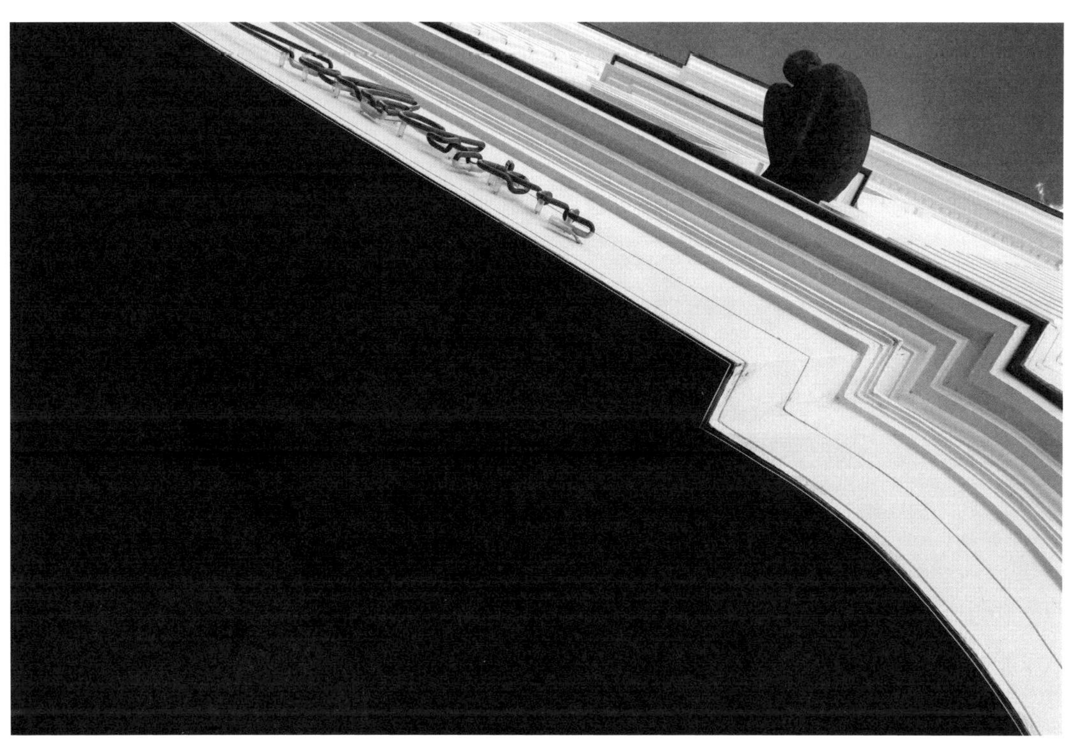

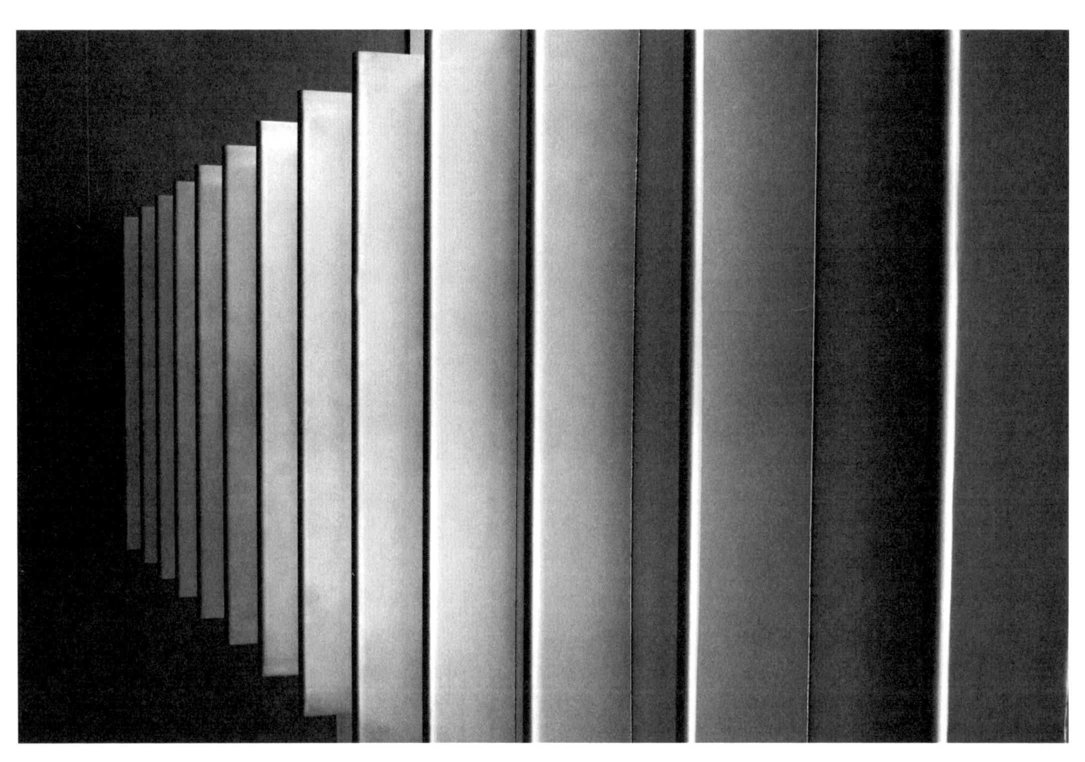

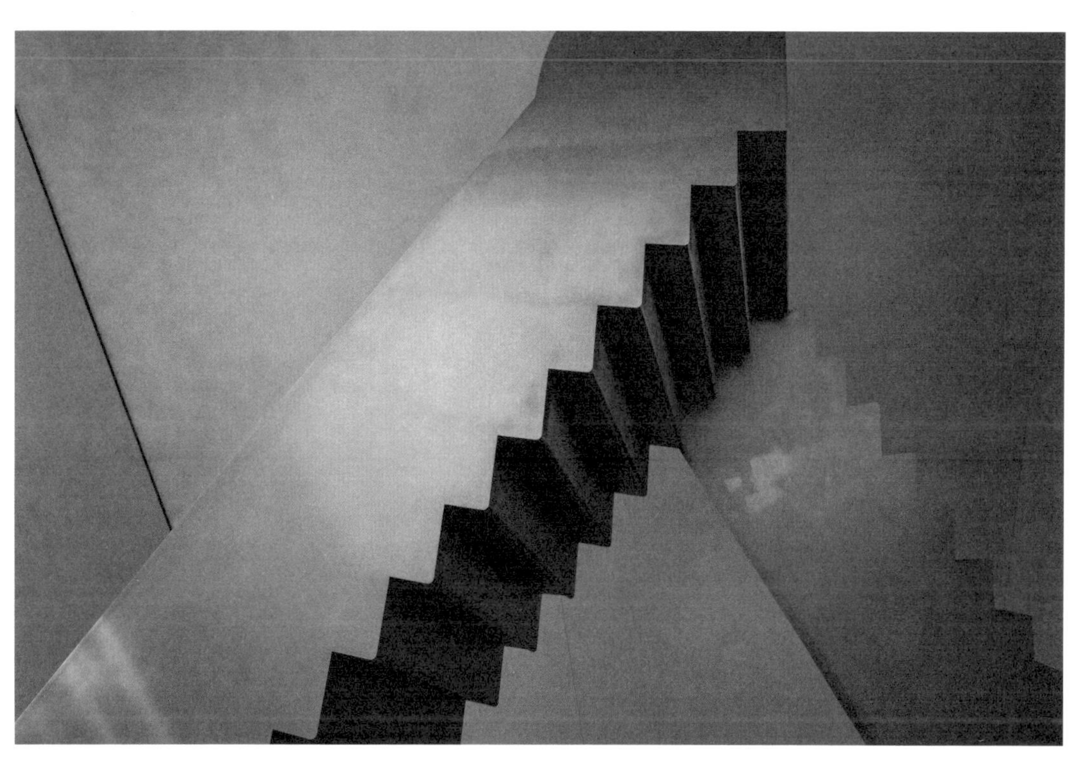

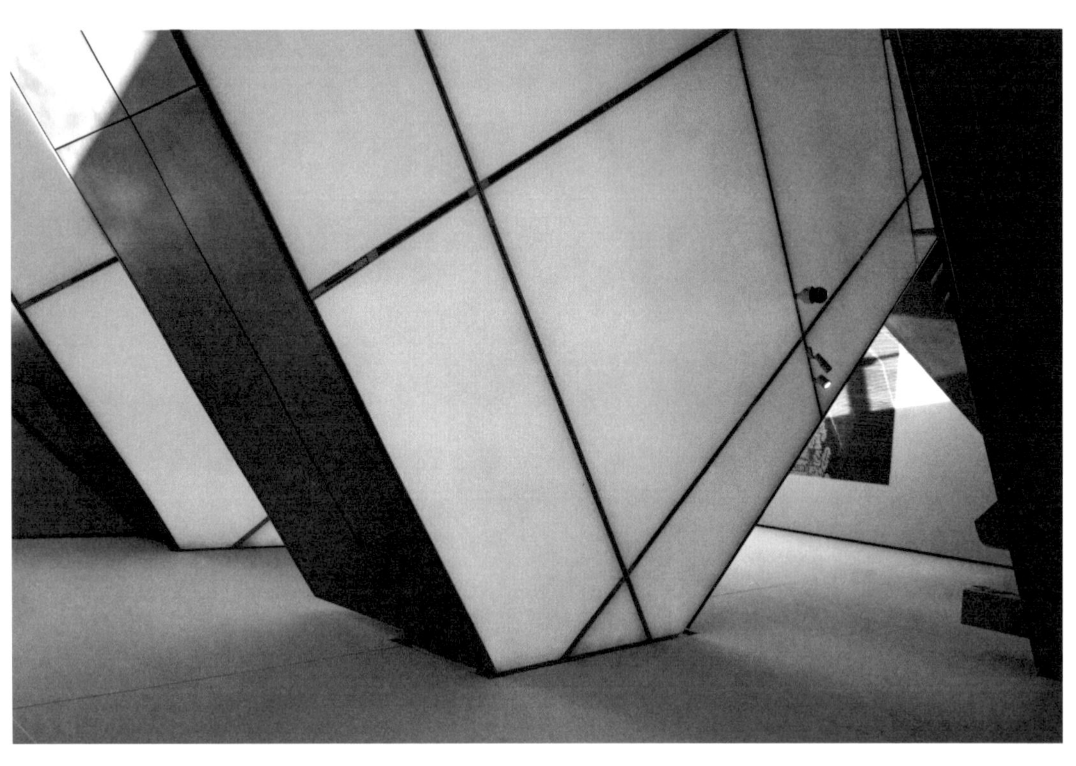

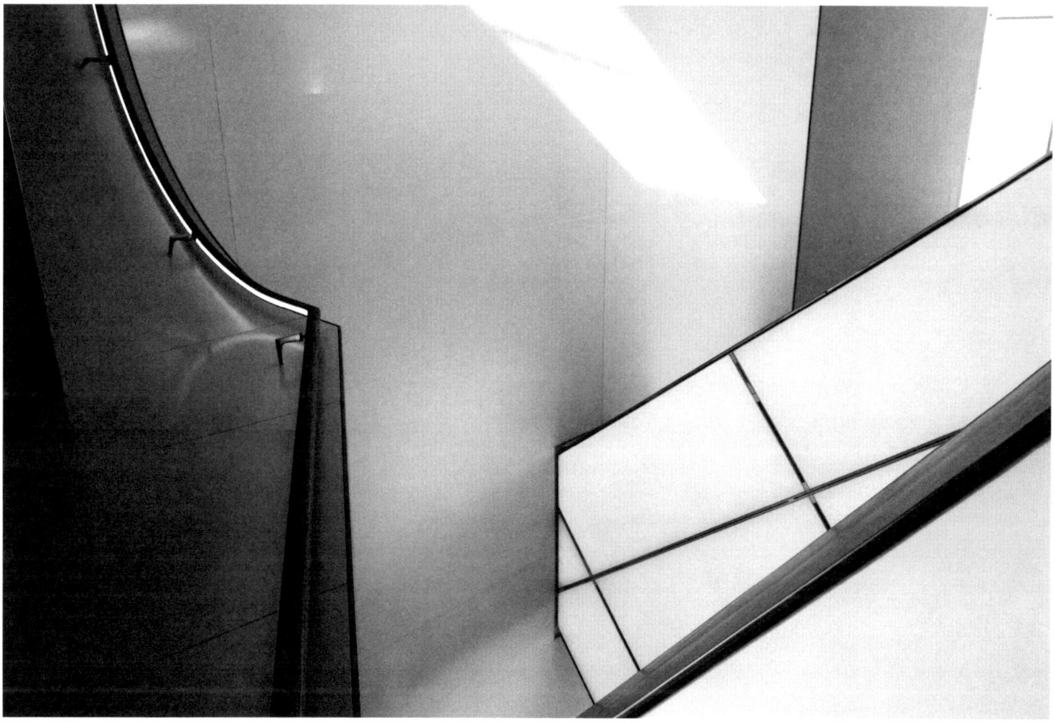

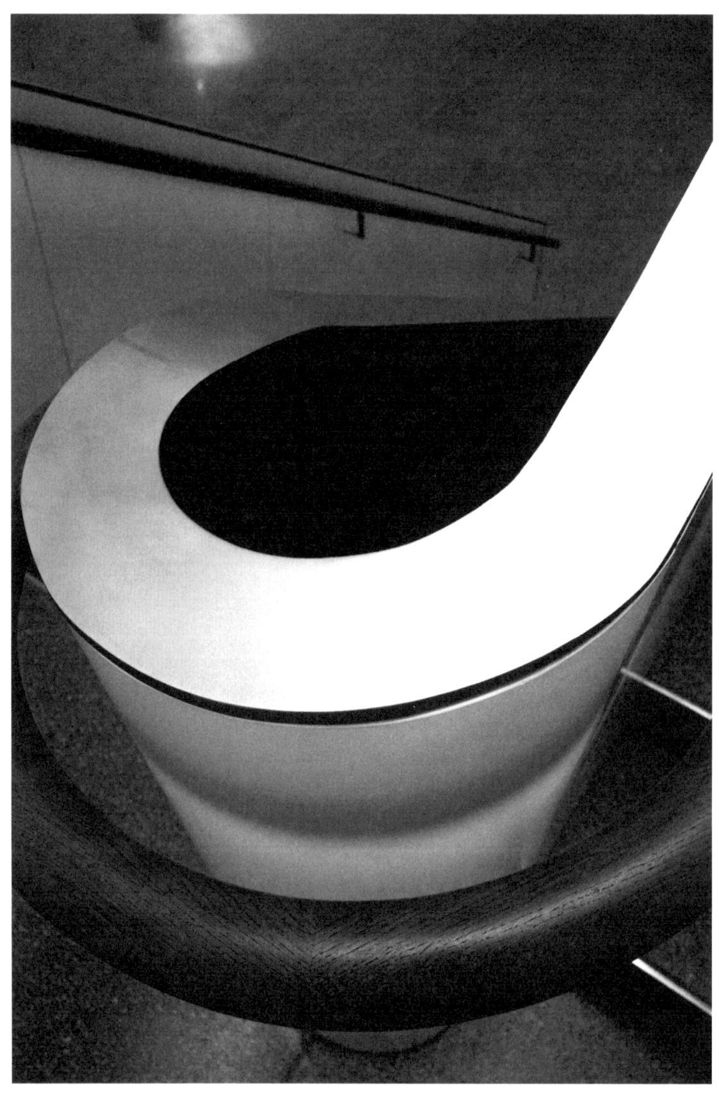

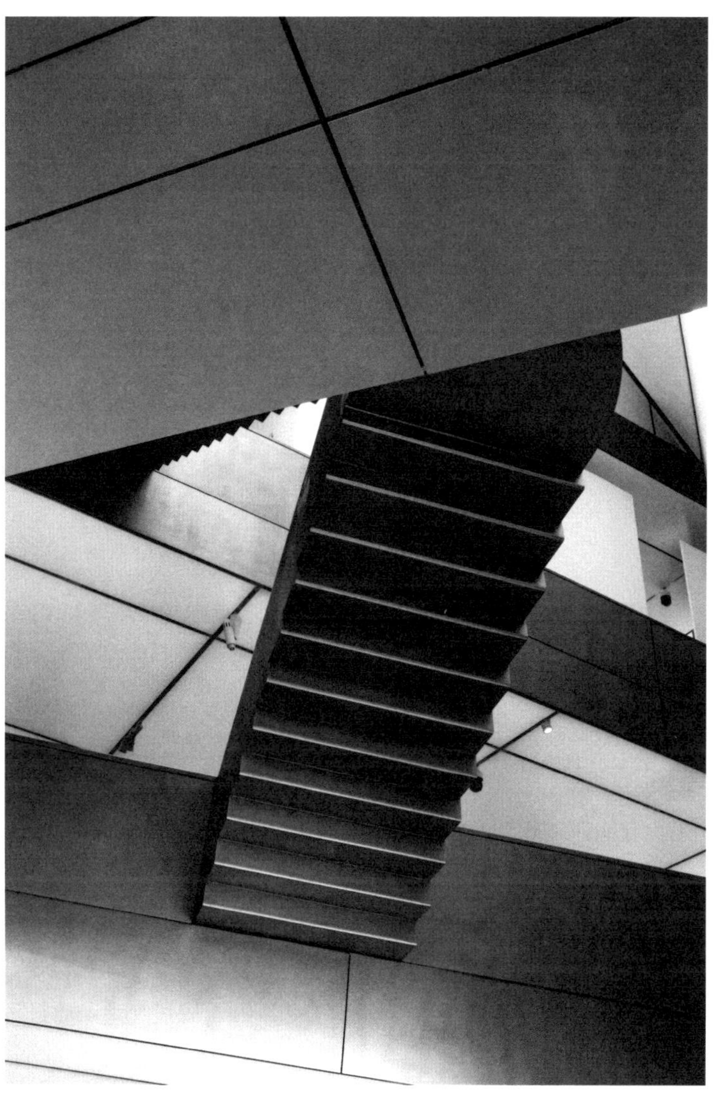

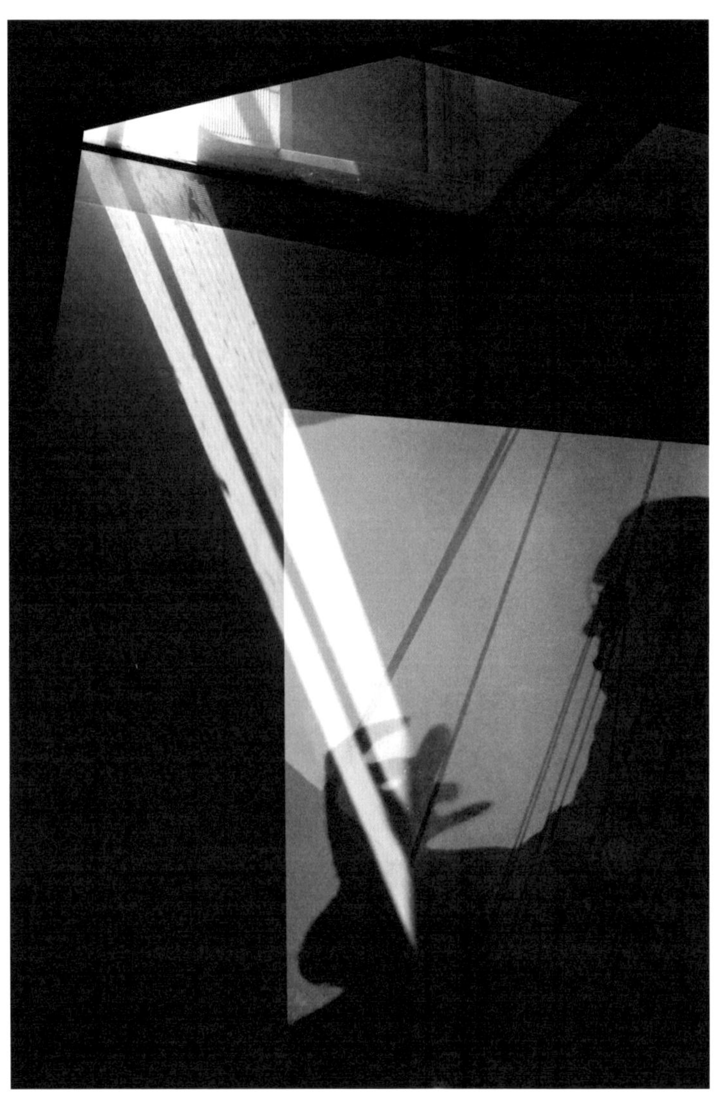

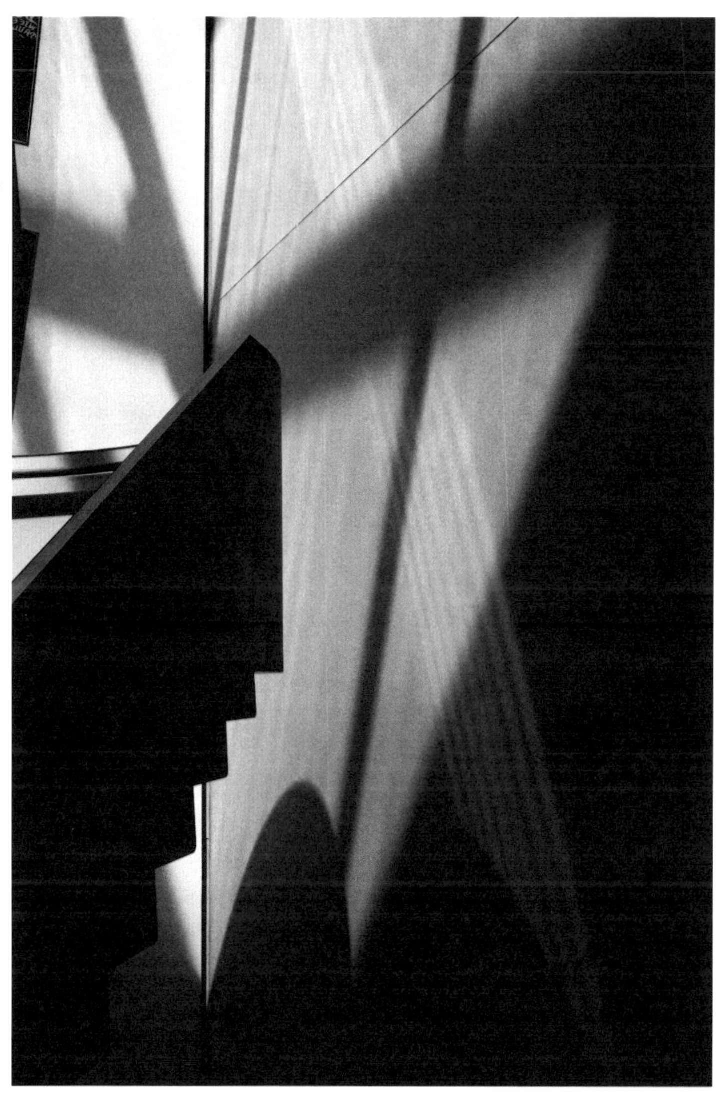

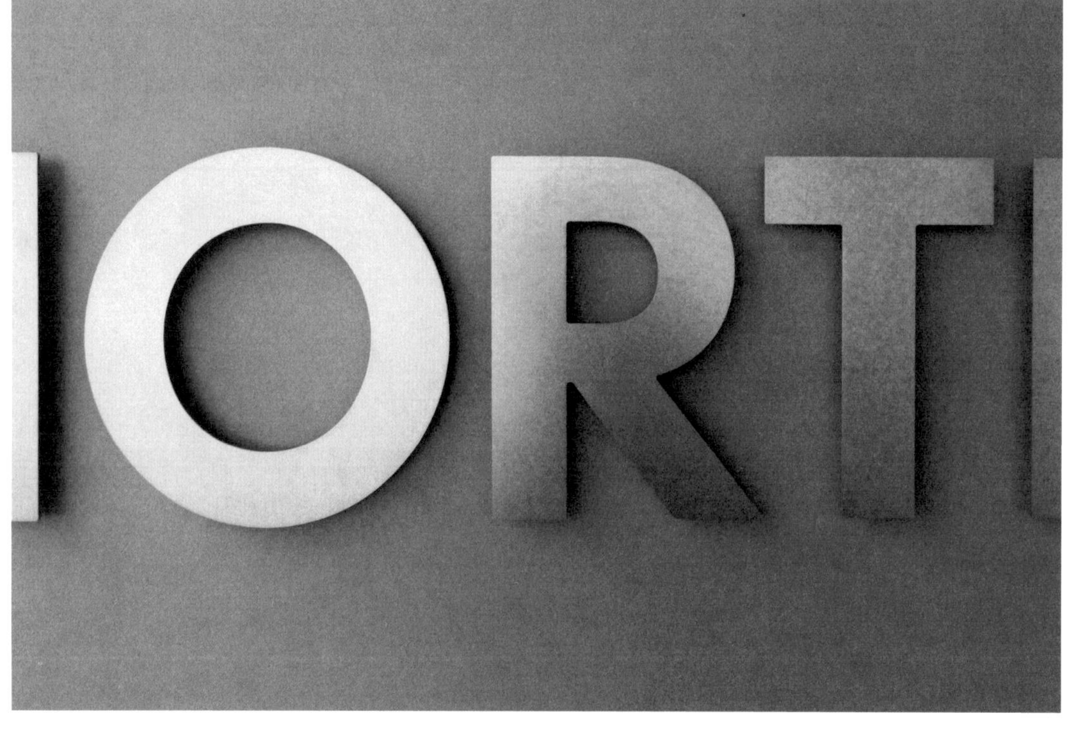

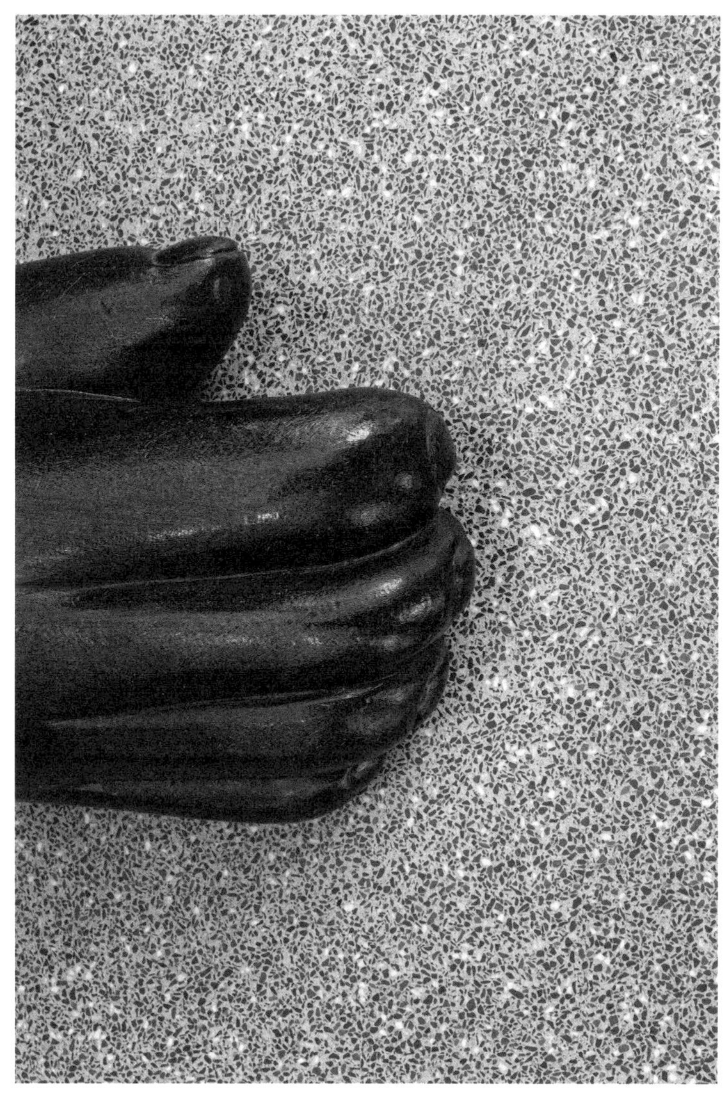

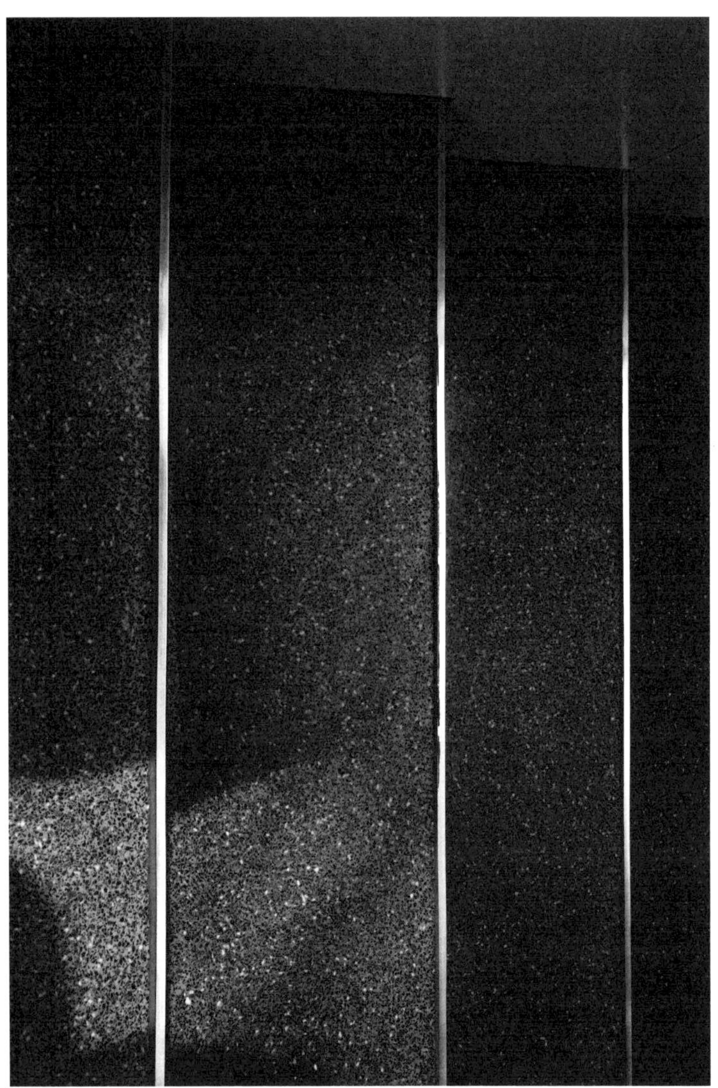

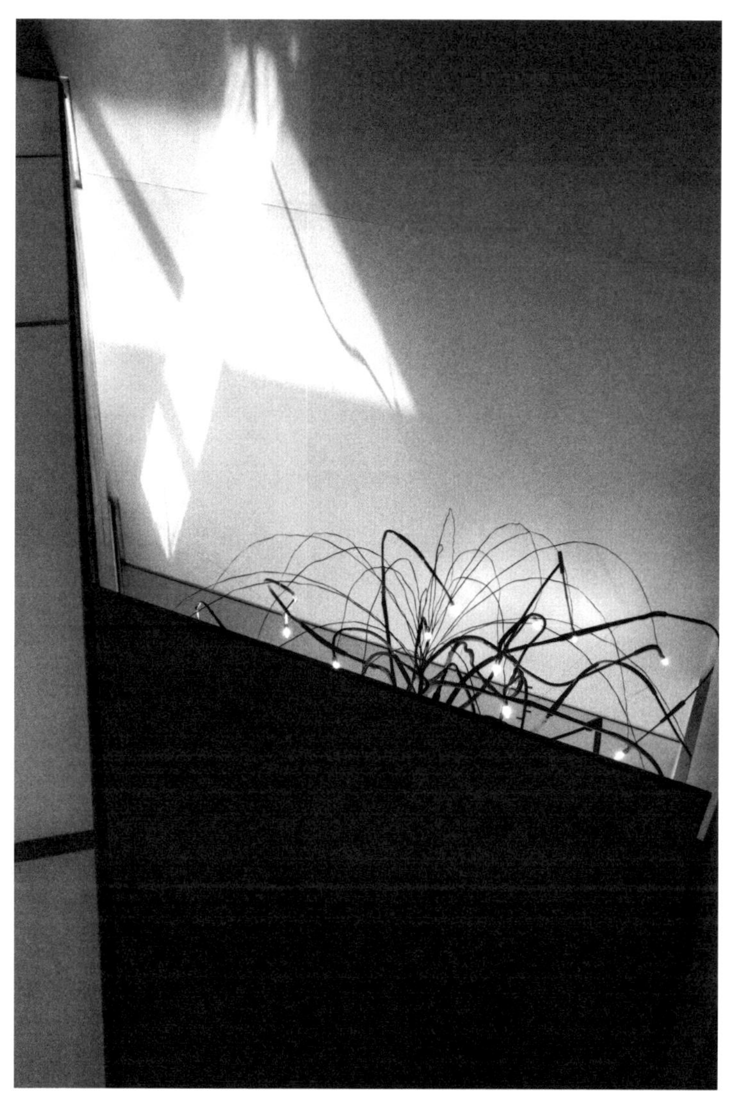

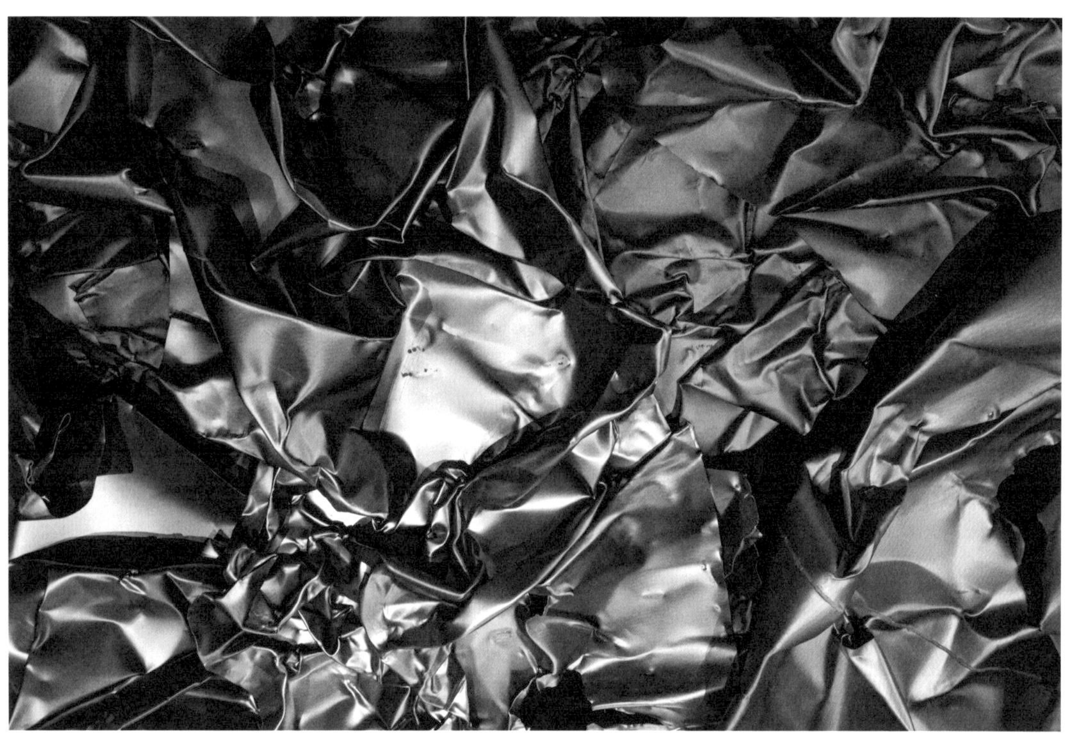

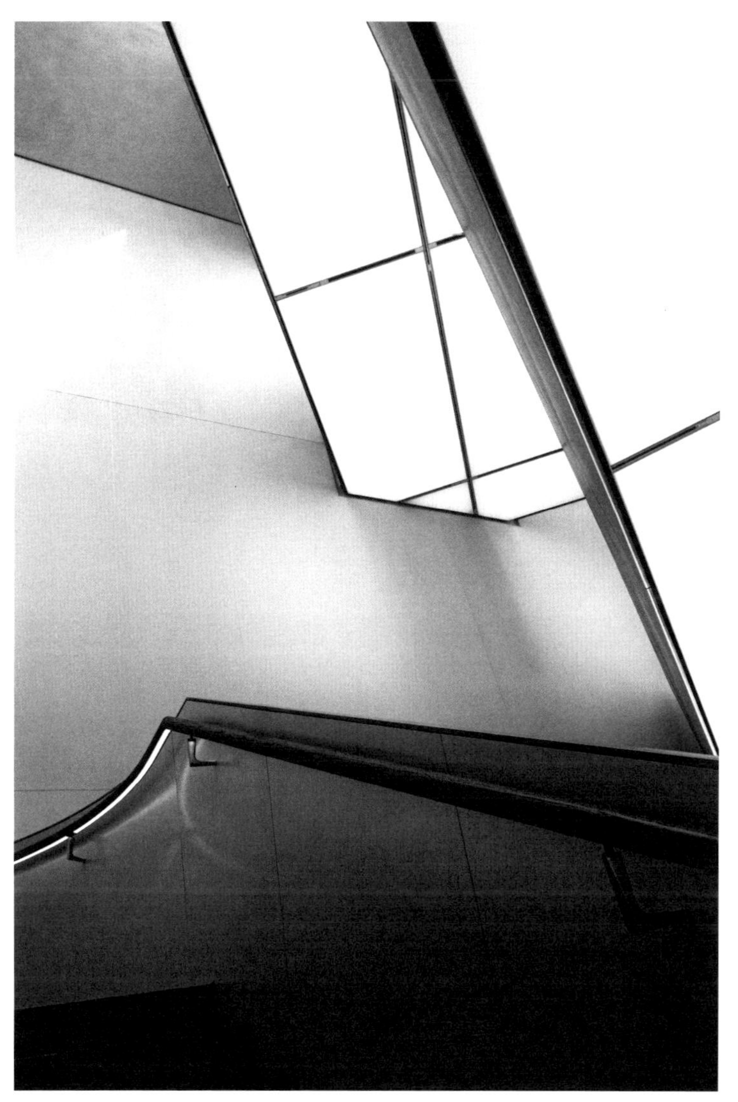

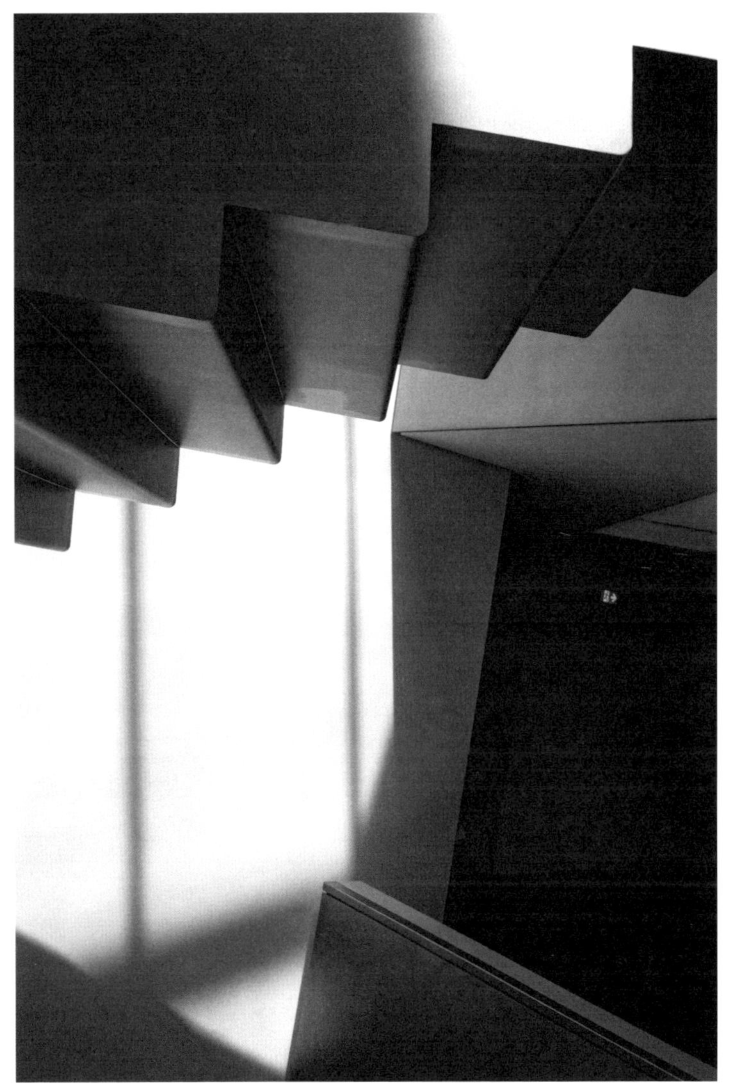

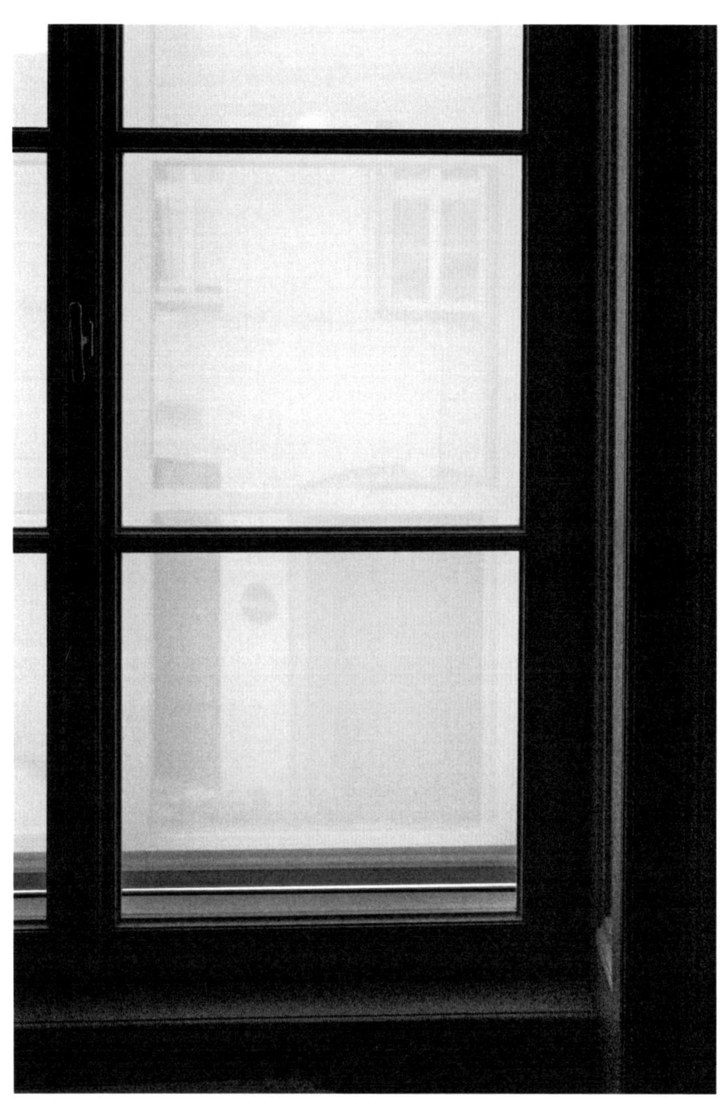

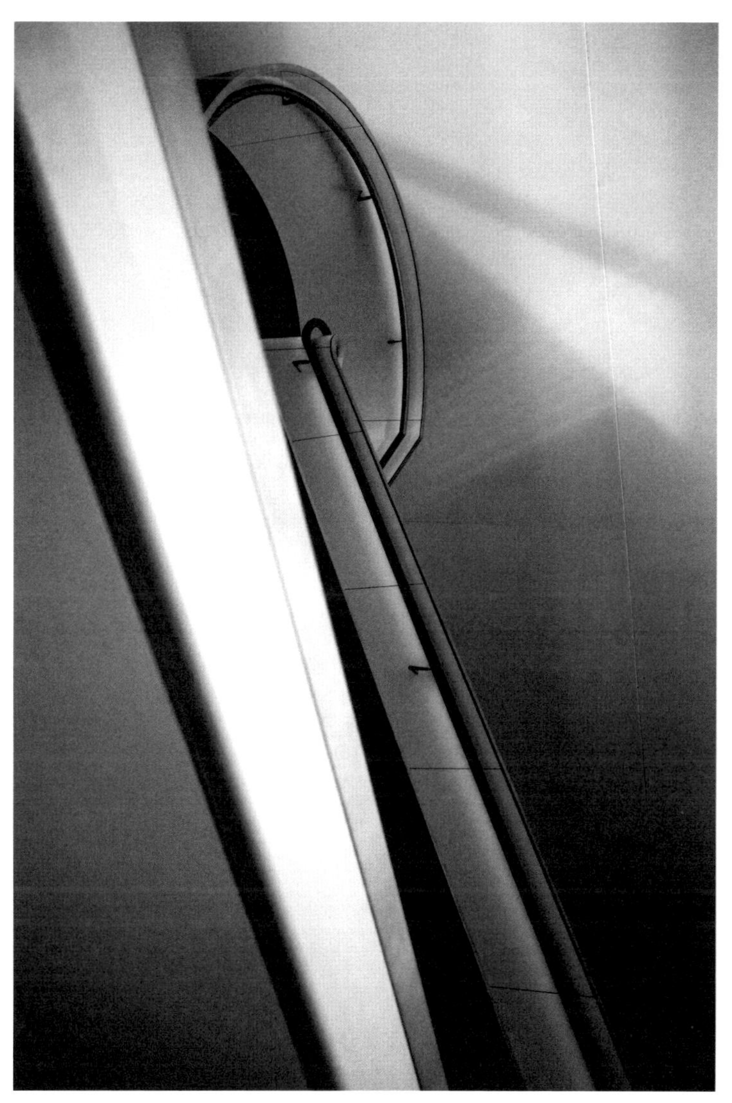

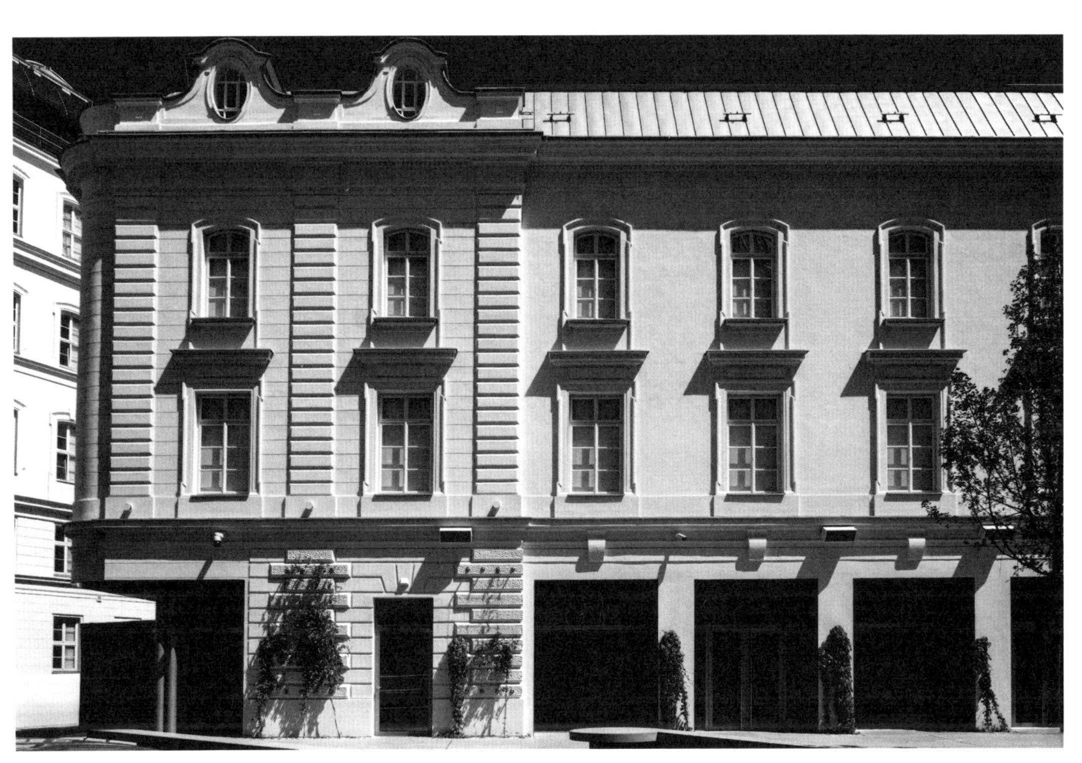

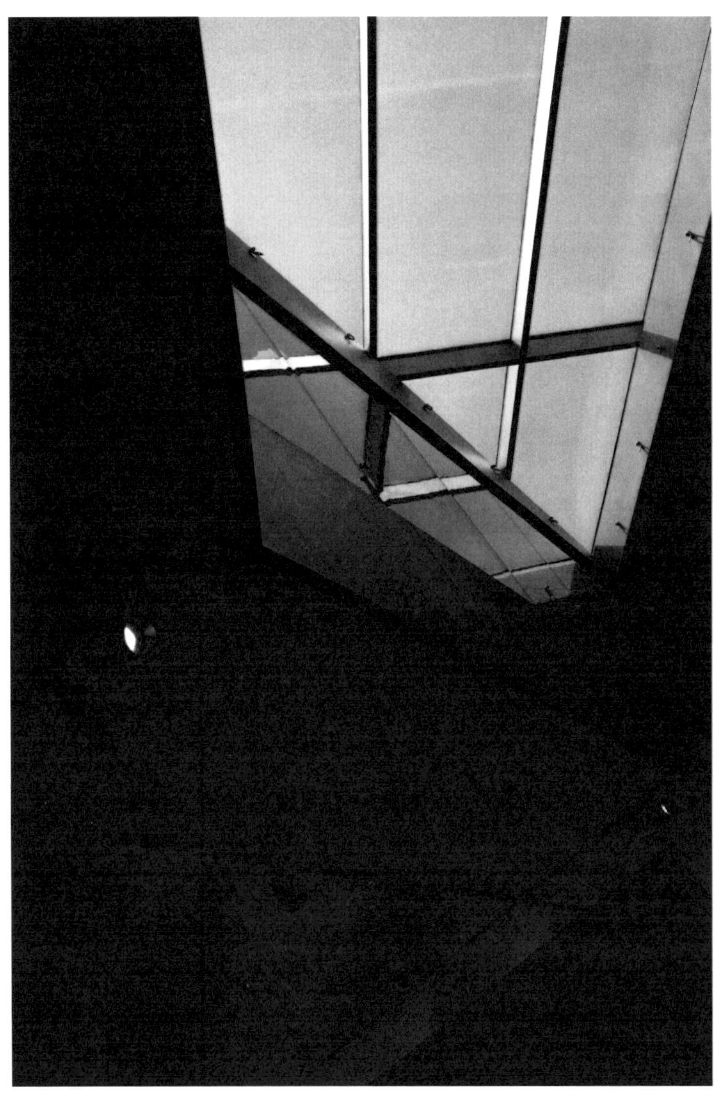

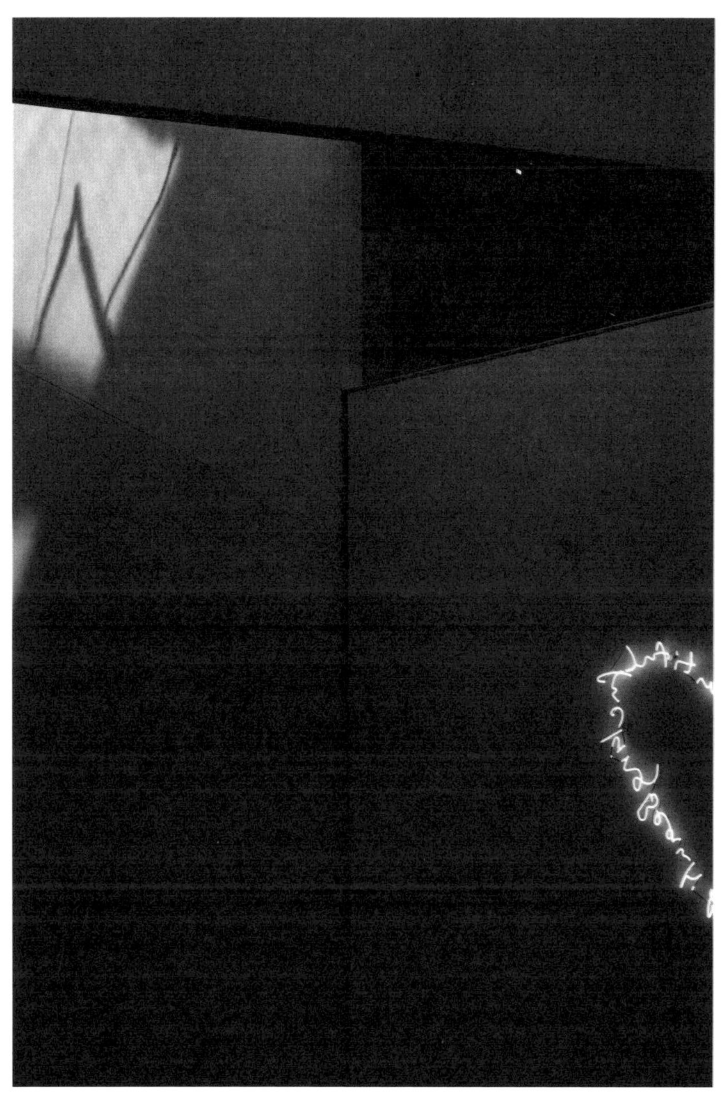

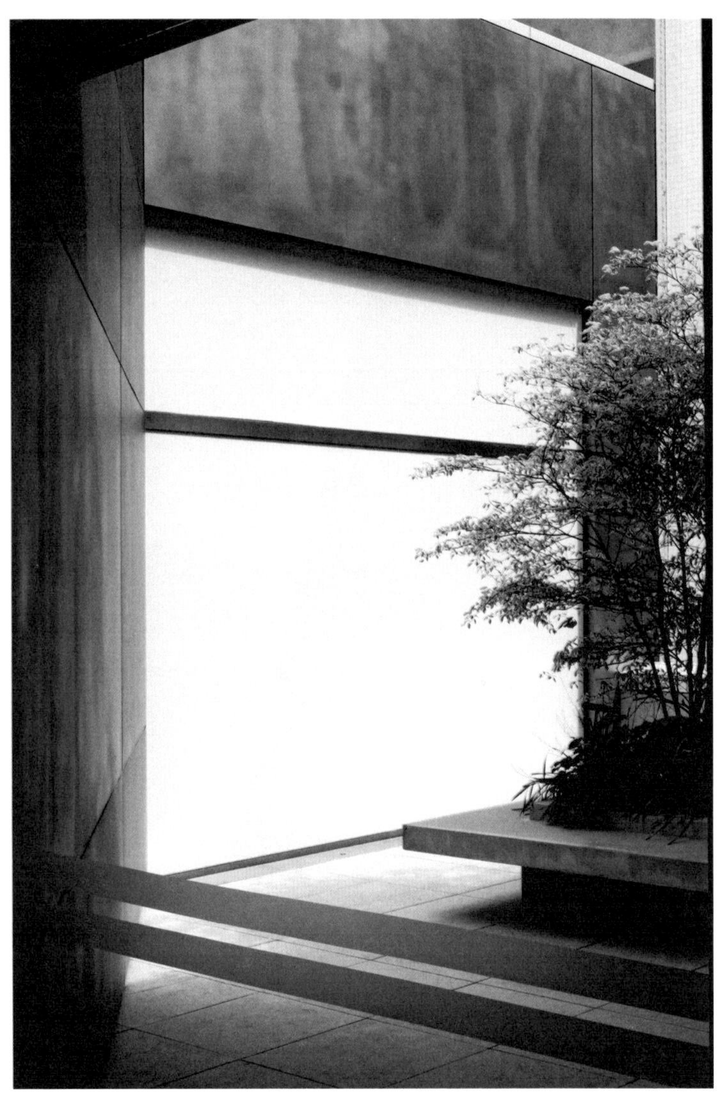

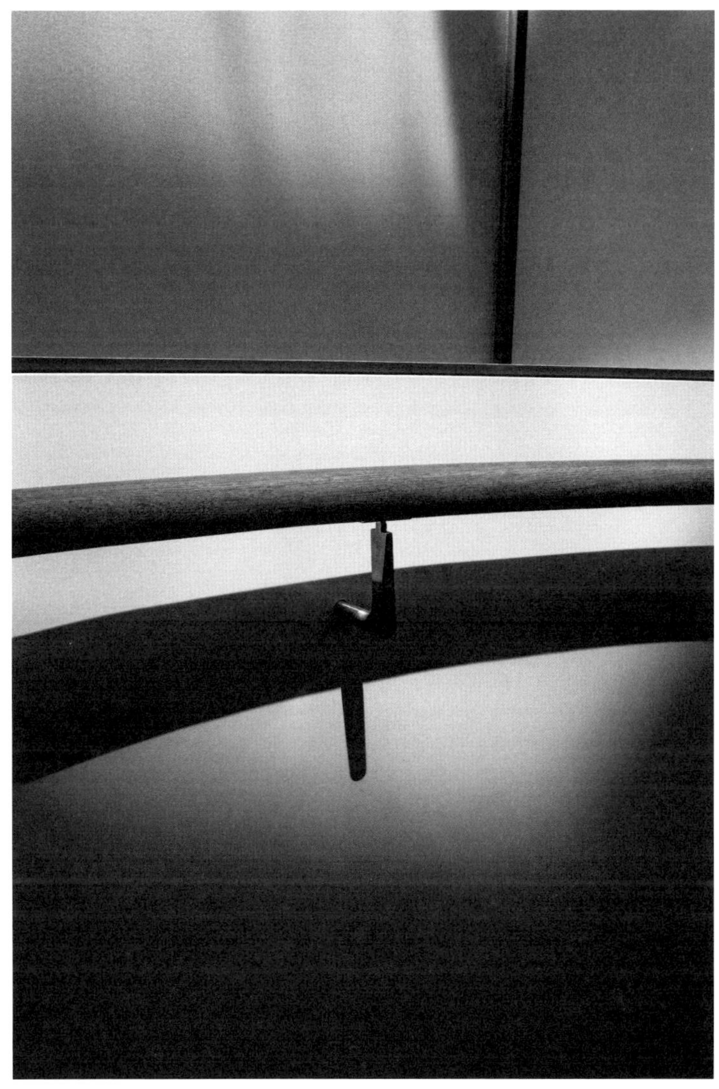

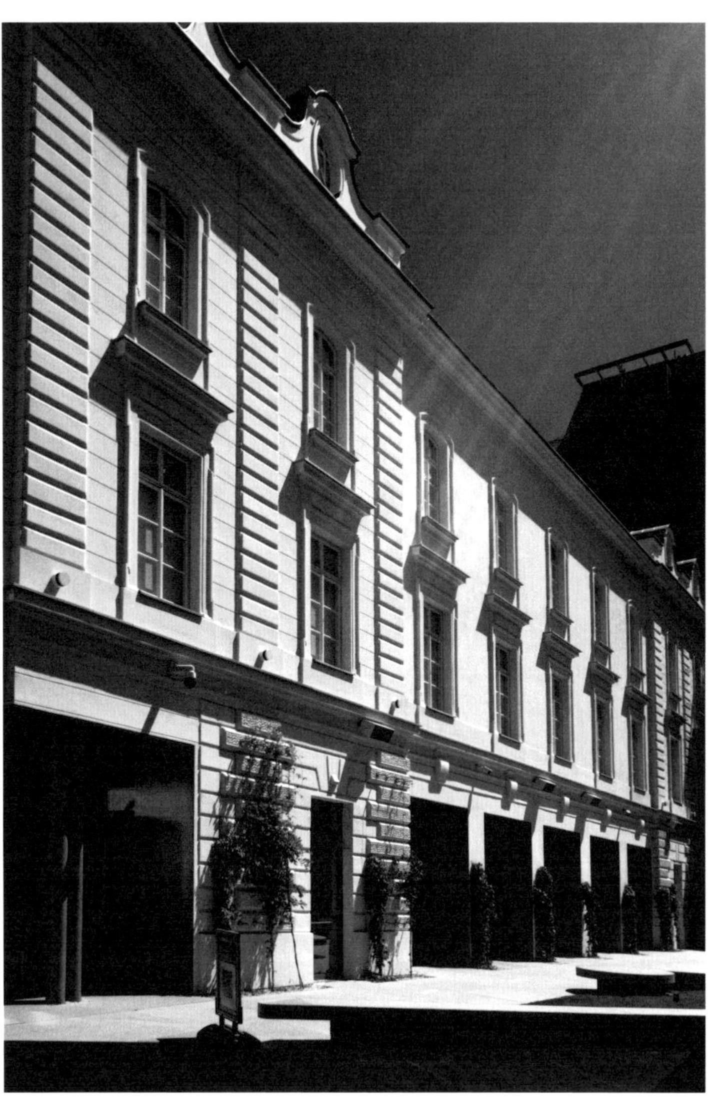

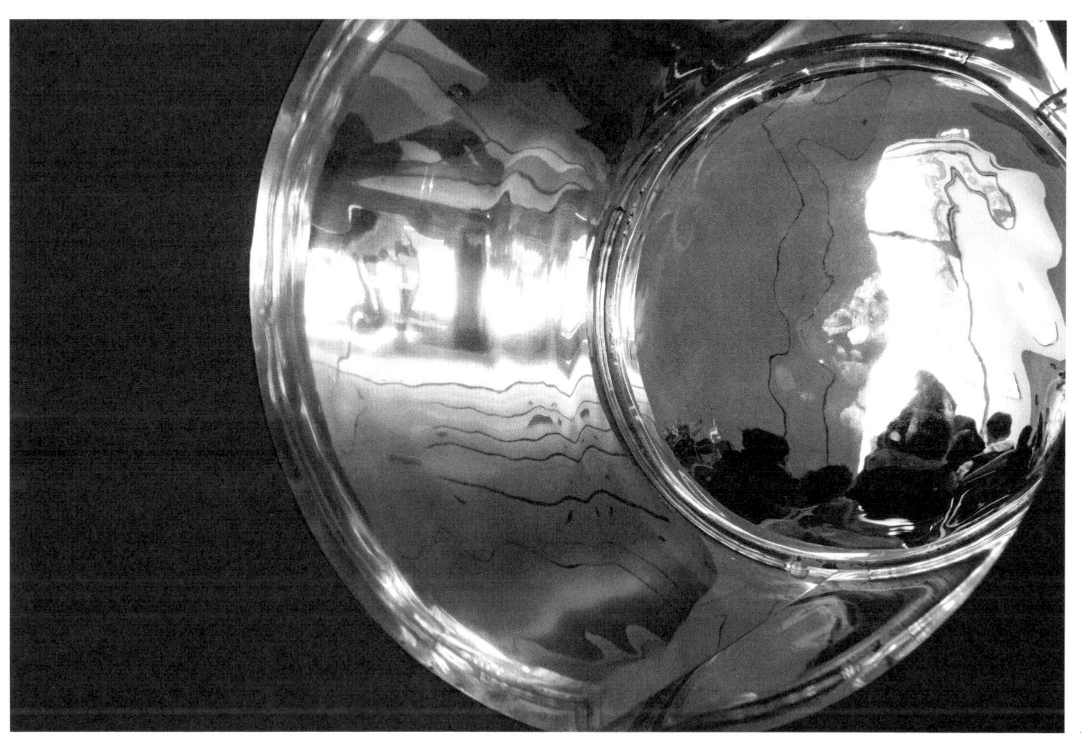

Interview mit | Interview with Ouriel Morgensztern

Rolf H. Johannsen

ROLF H. JOHANNSEN: Du bist sehr viel auf Reisen. Du hast sowohl den kleinen südfranzösischen Ort Gaillac, in dem du aufgewachsen bist, New York, Tel Aviv, Wien, wo du seit zwei Jahrzehnten lebst, fotografiert – und jetzt das Haus der Heidi Horten Collection. Was fasziniert dich so an dem Bau, dass du ihm quasi eine fotografische Monografie gewidmet hast?

OURIEL MORGENSZTERN: Ich kannte den Bau schon vom ersten Modell an und habe auch die Bauphase miterlebt. Dadurch entstand eine enge Verbundenheit – mit dem Bau selbst, mit seiner Architektur und auch mit seiner späteren Nutzung als Museum. Ich fühlte mich fast wie ein Teil des Projekts. Das Interesse war also bereits da, als ich anfing, das fertiggestellte und eröffnete Haus zu fotografieren. Dazu muss ich sagen, dass ich von Anfang an einen privilegierten Zugang hatte: Ich konnte das Haus leer fotografieren, ohne Besucherinnen und Besucher – die aber trotzdem irgendwie anwesend waren. Schließlich wurde das Haus ja für sie gebaut, und für die Kunst, die darin gezeigt wird.

RJ: Du warst also allein im Haus. Wie bist du vorgegangen?

OM: Ich bin einfach herumgegangen, habe die Räume und die Architektur auf mich wirken lassen und fotografiert. Die Wurzeln meiner Fotografie liegen im Film. In Frankreich habe ich im Filmbereich gearbeitet, aber auch mit Ton, der einen wichtigen Teil meines Hintergrunds ausmacht. Entscheidend ist dabei nicht nur der Ton selbst, sondern auch die Stille, wenn kein Ton vorhanden ist. Mit diesem Wechselspiel lässt sich arbeiten. So habe ich gelernt, Dinge zu dokumentieren: nicht nur durch den Ton, sondern auch durch seine Abwesenheit. Die Fotografie ist ein stilles Medium und war daher gar nicht so weit entfernt von dem, was ich ohnehin schon gemacht habe. In einen leeren Raum zu treten, fühlt sich ähnlich an: Ich beginne bei null, mit Stille, und dann entfaltet sich der Raum nach und nach. Was mich daran faszinierte, war, etwas im Entstehen zu erleben und es im richtigen Moment festhalten zu können. Im Französischen – im Englischen ist es, glaube ich, ähnlich – unterscheidet man zwischen „ansehen" und „betrachten": *regarder* und *voir*. Das Wort *regarder* kommt ursprünglich aus dem Deutschen, ich meine von „warten"; im Französischen bedeutet es wörtlich so etwas wie „mit den Augen aufpassen".

ROLF H. JOHANNSEN: You travel quite a lot. You've photographed the small southern French town of Gaillac, where you grew up, as well as New York, Tel Aviv, and Vienna—where you've lived for two decades and have turned your lens to the Heidi Horten Collection museum. What is it about this building that has fascinated you so much that you've essentially dedicated a photographic monograph to it?

OURIEL MORGENSZTERN: I knew the building as early as its very first model, and I watched the whole construction phase. That created a really strong connection for me— to the building itself, to the architecture, and to its use as a museum. I almost felt like I was part of the project. So when I started photographing the finished, newly opened building, my interest was already there. And I should also mention that I had special access right from the start: I was able to photograph the house while it was empty, without visitors—though, in a way, they were still present. After all, the building was made for them as well as the art inside.

RJ: You were alone in the building. What was your process?

OM: I wandered around, taking in the space and architecture, and began taking photos. My photography is really rooted in film. I worked in the movie industry in France, and I was also doing sound, which is part of my background—half of it is in sound. What's important in sound is not only the sound itself, but also the silence, when there is no sound. You can play with that. So, I learned to basically document things based on sound as well as the absence of sound. And for the picture, photography, it's a silent medium—so it wasn't very far off from what I was already doing. Going into an empty room is the same. I basically start from zero; I begin with silence. And then the space slowly reveals itself. What attracted me was that I had the privilege, to witness something coming into being and to capture it at just the right moment. In French, you say—and I think in English it's similar; there's a distinction between "to look at something" and "to watch something"—*regarder et voir*. In French, the root of the word *regarder* actually comes from German—I think *warten* is the word. If you break it down, *regarder* in French literally means "to pay attention with your eyes."

RJ: Im Deutschen unterscheidet man zwischen „schauen" und „sehen". Sehen ist das physische Sehen, Schauen ist das geistige, das umfassende Sehen.

OM: Aber die Wurzel ist *garder* – „behalten". Im Grunde bedeutet es also „mit den Augen behalten". Das entspricht meiner Rolle in diesem Projekt ziemlich genau, und grundsätzlich meiner Aufgabe als Fotograf: Ich habe das Privileg, etwas zu sehen, es festzuhalten und weiterzugeben. Im Grunde läuft es genauso ab.

RJ: In deinen Fotografien – nicht nur jenen, die die Heidi Horten Collection zum Thema haben – zeigst du deine Objekte in der Regel im extremen Anschnitt oder Ausschnitt. Was bezweckst du damit?

OM: Zuerst einmal möchte ich, dass Zuschauerinnen und Zuschauer – oder jene, die hinschauen, *regarder* – sich ein wenig anstrengen. Ich gehe davon aus, dass sie bereit sind, etwas Zeit zu investieren, um herauszufinden, was sie vor sich haben. Deshalb gebe ich nichts vor.

RJ: Du deckst Spuren auf, etwa die des jüdischen Mädchens Dora Bruder, und du lenkst den Blick auf Verborgenes, das sich in den Räumen und Orten findet, die du fotografierst. Ist das ein Prinzip deiner Fotografie?

OM: Ja, darum geht es im Wesentlichen, selbst dann, wenn ich Menschen fotografiere. Kontext ist wichtig, der Ort ist wichtig, und die Zeit, die ich habe. Aber ich möchte nicht gleich alles preisgeben. Es soll noch etwas Spielraum bleiben, selbst etwas zu entdecken oder es wenigstens zu versuchen – vorausgesetzt, man bringt Geduld oder sogar Interesse mit. Manche Besucherinnen oder Besucher gehen vielleicht einfach vorbei und verstehen es nicht – und das ist völlig in Ordnung. Mein Ansatz ist es, einen Anhaltspunkt, eine Art Rahmen zu geben. Es ist unvollständig, und die Betrachterinnen und Betrachterinnen sollten selbst versuchen herauszufinden, was zu sehen ist.

RJ: Auf deinen Fotografien, die du von Städten, Orten und Gebäuden machst, sind keine Menschen zu sehen. Im Fall der Heidi Horten Collection betrifft diese Abwesenheit auch die Kunst, die nur auf ganz wenigen Fotografien aufscheint. Ist dieses Spiel von Abwesenheit und Anwesenheit ein Prinzip deiner künstlerischen Arbeit?

RJ: In German, you make a distinction between schauen *and* sehen. Sehen *is physical seeing, while* schauen *is more of a mental, comprehensive way of seeing.*

OM: But the root is *garder*—to "keep." So, it's basically "to keep with the eyes." This is almost my role in all of this and in essence my job as photographer: I have the privilege to see something, keep it, and share it. That's how it starts.

RJ: In your photographs—not just the ones focused on the Heidi Horten Collection—you usually show your subjects in extreme close-up or partial view. What is the intention behind that?

OM: What I want, first of all, is that anyone watching— or looking, *regarder*—makes a bit of an effort. I basically treat my audience as willing to spend some time trying to figure out what's there. Therefore, I don't "deliver" anything.

RJ: You uncover traces—such as those of the Jewish girl Dora Bruder—and draw attention to hidden elements found in the spaces and places you photograph. Is this a guiding principle of your photography?

OM: Yes, I think that's at the root, even when I photograph people. The context matters, the place matters, time as well—but I don't want to give everything away. There is still a little room for figuring things out, to at least try—if you have the patience or even the interest. Some people might even pass through and not get it—and that's fine. But my approach is to just give a starting point, a sort of a frame. It's not complete and the viewer has to try to figure out what's there.

RJ: Your photographs of cities, places, and buildings are devoid of people. In the case of the Heidi Horten Collection, this absence also extends to the artworks, which appear in only a few of the photographs. Is this interplay between absence and presence a guiding principle of your artistic approach?

OM: It is, but it's not as obvious as it seems. Even when I photograph people, something is missing, because, again, I don't show everything. The presence can be a little misleading—it's a partial presence, not complete. In the same way, when I photograph empty rooms, I believe there's still a sense of presence, even when no one is there. It's a subtle line, in a way.

I think, maybe I didn't realize it at the time, or realized much later, that a lot of my work revolved around absence,

OM: Ja, genau, aber es ist nicht so offensichtlich, wie es scheint. Selbst wenn ich Menschen fotografiere, fehlt etwas, weil ich wiederum nicht alles zeige. Diese Präsenz kann ein wenig täuschen: Es ist eine teilweise Präsenz, keine vollständige. Ebenso glaube ich, dass auch bei Fotografien leerer Räume ein Gefühl von Anwesenheit entsteht, auch wenn niemand anwesend ist. Es ist gewissermaßen eine feine Grenze.

Ich glaube, damals war mir das noch nicht bewusst. Wahrscheinlich habe ich erst viel später erkannt, dass sich ein Großteil meiner Arbeit um Abwesenheit – oder um das Spannungsfeld von Abwesenheit und Anwesenheit – dreht. Das hängt wohl mit meinem Hintergrund zusammen: mit der Herkunft meiner Familie, dem, was ihr widerfahren ist, und dem Ort, an dem wir schließlich gelandet sind. Ich wurde in Paris geboren, bin aber im Süden Frankreichs auf dem Land aufgewachsen, wo es fast nichts gab. Im Grunde habe ich versucht, mich einzufügen, so wie es jedes Kind möchte. Doch gleichzeitig trug ich diese schwere Last mit mir, auch unbewusst. Selbst wenn ich es nicht wollte, war sie immer da. Vielleicht war es genau das, was später meinen Zugang zur Fotografie geprägt hat.

RJ: Toulouse war die nächstgrößere Stadt. Du hast schon erzählt, wie du dich in diesem Dorf, dieser Kleinstadt gefühlt hast, die dich natürlich geprägt hat. Du hast mit deiner Familie dort gelebt. Warum sind deine Eltern dorthin gezogen? Hatte das mit der Arbeit zu tun?

OM: Ja, aber auch ideologische Gründe spielten eine Rolle. Sowohl mein Vater als auch meine Mutter wurden in Paris geboren, wollten aber auf dem Land leben. Zuvor hatten sie in Israel in einem Kibbuz gelebt, einer Gemeinschaft mit stark sozialistischem Hintergrund. Ich glaube, genau das wollten sie wieder aufleben lassen und ihren Kindern vermitteln. Deshalb wuchsen wir dort auf, mit dieser Identität, und blieben, solange mein Vater in der Gegend arbeitete. Obwohl er Leiter des regionalen französischen Fernsehsenders in Toulouse war, lebten wir dennoch unter Bauern. Wir gingen mit Bauern zur Schule – und ich meine das überhaupt nicht negativ. Dort gehörten wir hin, und dort gehören wir immer noch hin. Meine Eltern leben weiterhin dort. Das sind meine Wurzeln, und es ist der Ort, zu dem ich immer wieder zurückkehre. Selbst meine Sensibilität für Architektur hat dort ihren Ursprung.

or absence and presence. It probably has to do with my background—where my family came from, what happened to them, and where we ended up. I was born in Paris but grew up in the south of France, in the countryside, with almost nothing around. I was basically … trying to fit in, like any child wants to, but I still carried this heavy baggage, also subconsciously. Even if I didn't want it, it was always there with me. Maybe that's what was driving my approach to photography later on.

RJ: Toulouse was the nearest larger town. You've already talked about how you felt in that village, that small town, which, of course, shaped you. You lived there with your family. Why did your parents move there? Was it for work?

OM: Yes, but there were also ideological considerations. Both my father and mother were born in Paris, but they wanted to live in the countryside. They had previously lived in Israel, on a kibbutz—a kind of communal place with a strong socialist background. I think that's what they wanted to recreate and offer to their children. That's why we grew up there, forming our identity, and stayed as long as my father was working in the area. Even though he was the head of the local French TV in Toulouse, we still lived among farmers. We went to school with farmers—I don't mean that negatively. That's where we belonged, and that's where we continue to belong. My parents still live there. Those are my roots, and it's always the place I go back to. Even my sensitivity to architecture basically started there.

RJ: So you were born in Paris, grew up in the south of France, and then went back to Paris for your studies, where you worked in film.

OM: I was exposed to film as a child. I'm the oldest of four, and we're all basically involved in film, art, or documentary production. We grew up surrounded by movies—old movies at home. Everything from the French New Wave, Jean-Pierre Melville and Louis Malle, and, of course, Stanley Kubrick, to the Coen Brothers. We always had movies around, mostly in English, and we'd watch them on tapes at home. That's where my interest started—not directly in photography, at least not at first—but in the language of the image.

RJ: When did you start taking photos as an artistic practice?

*RJ: Also du bist in Paris geboren, in Südfrankreich aufgewach-
sen und bist dann zum Studium nach Paris gegangen, wo du
beim Film gearbeitet hast.*

OM: Schon als Kind kam ich mit dem Film in Berüh-
rung. Ich bin der Älteste von vier Geschwistern, und wir sind
alle im Bereich Film, Kunst- oder Dokumentarfilmproduktion
tätig. Wir wuchsen mit Filmen auf, mit alten Filmen, die wir zu
Hause sahen. Von der französischen Nouvelle Vague über Jean-
Pierre Melville und Louis Malle bis hin zu Stanley Kubrick und
den Coen-Brüdern war alles dabei. Filme begleiteten uns stän-
dig, meist auf Englisch, die wir uns zu Hause auf Videokasset-
ten anschauten. So fing alles an – nicht direkt mit Fotografie,
zumindest nicht am Anfang, sondern mit der Sprache der Bilder.

RJ: Wann hast du angefangen, künstlerisch zu fotografieren?

OM: Ich begann schon früh zu fotografieren, ohne mir
wirklich bewusst zu sein, was ich da eigentlich machte. Mit
dreizehn schenkten mir mein Onkel und meine Tante – sie ist
Moderedakteurin – eine Kamera, und ich spielte einfach damit
herum. Das war auf dem Land, und es fühlte sich so an, als wäre
damit alles möglich. Die einzige Einschränkung war der Film:
Du fotografierst, entwickelst die Bilder, wartest – und sobald er
voll ist, fängst du wieder von vorn an.

*RJ: Du sagtest es schon, der Film, die genannten Regisseure, sind
wohl allesamt als Klassiker zu bezeichnen, und er hat dich sehr
geprägt. Gibt es auch Fotografen oder Maler, die dich beein-
flusst haben, die du als Vorbilder bezeichnen würdest?*

OM: Alle Fotografen, die mich geprägt haben, habe ich
eigentlich erst viel später entdeckt, als ich mein Handwerk
schon ziemlich sicher beherrschte. Zu nennen wären Henri
Cartier-Bresson, Robert Capa und Brassaï. Es war fast so, als
wäre ich ihnen erst begegnet, nachdem ich meine eigene Sprache schon gefunden hatte. Mein Fundament liegt jedoch eher
im Film. Wenn ich mir anschaue, wie Kubrick gedreht und seine
Szenen komponiert hat – oder Ken Adam, der für viele Filme
die Sets entwarf, etwa für Kubricks satirische schwarze Komö-
die *Dr. Seltsam oder: Wie ich lernte, die Bombe zu lieben* –, dann
fallen mir die architektonischen Elemente besonders stark auf.
Wahrscheinlich wurde es mir dort zum ersten Mal bewusst.

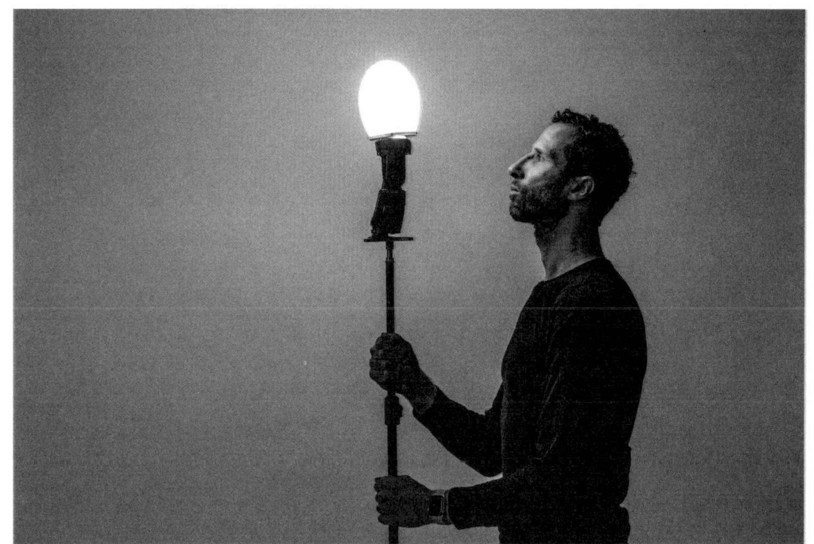

Ouriel Morgensztern
Selbstbildnis |
Self-portrait
Digitalfotografie |
Digital photography
Der Künstler | The artist

OM: I started early, but I wasn't really aware of what I was doing. When I was thirteen, my uncle and aunt—she was a fashion editor—gave me a camera, and I just played around with it. That was in the countryside, and it felt like the possibilities were endless. The only limit was you shoot, you develop, you wait, and when you run out of film, you do it all over again.

RJ: You've already said that film—the directors you mentioned can all be considered classics—greatly influenced you. Are there also photographers or painters who influenced you, or whom you consider role models?

OM: All the photographers who influenced me, I discovered much later, when I was already somewhat literate in my own craft. To name a few: Henri Cartier-Bresson, Robert Capa, Brassaï. But it's almost like I found them when I was already nearly a finished product. My foundation really comes more from film. Looking at how Kubrick filmed, or how he composed a scene—also Ken Adam, the set designer for many movies, like Kubrick's satirical black comedy *Dr. Strangelove or: How I Learned to Stop Worrying and Love the Bomb*—the architectural elements are incredibly strong. That's probably where I first picked up on it.

RJ: If you look around in Gaillac or Toulouse, you see medieval brick buildings, Renaissance architecture—but you're especially interested in Bauhaus, Brutalism, and 1970s architecture.

RJ: Wenn man sich in Gaillac oder Toulouse umschaut, sieht man mittelalterliche Backsteingebäude und Architektur im Renaissancestil. Du interessierst dich aber besonders für Bauhaus, Brutalismus und die Architektur der 1970er-Jahre.

OM: In Gaillac gibt es Kirchen aus dem 13. und 14. Jahrhundert, sogar noch ältere. In Toulouse findet man auch Jugendstil. Aber Architektur im Stil des Bauhauses oder des Brutalismus gibt es dort eigentlich nicht. Diese Stile habe ich tatsächlich erst recht spät entdeckt, und zwar in Israel. Viele Künstlerinnen und Künstler, die aus Deutschland geflohen waren, landeten dort. Das Land stand nach der Unabhängigkeit gerade am Anfang und baute sich mit einem großen Zustrom von Menschen wieder auf. Sie mussten schnell bauen und taten dies auf eine einheitliche Weise und – wie soll ich sagen – sehr praktisch und funktional.

RJ: Wenn man Bauhaus und Brutalismus betrachtet: zwei Stile, die sich diametral gegenüberstehen – das Bauhaus setzt auf Fläche und Lineament, der Brutalismus auf Volumen. Warum faszinieren dich gerade diese Stile?

OM: Es ist das Licht, das die Architektur – egal ob Bauhaus oder Brutalismus – verändert und unsere Wahrnehmung von ihr prägt. Besonders in einem Land wie Israel, wo das Licht so intensiv ist. Auf flachem Gelände, wo die Sonnenstrahlen durch nichts unterbrochen werden, entstehen extrem starke Schatten. Wenn es darum geht, ein ganzes Gebäude zu fotografieren, gibt es viele, die das viel besser können als ich – ich muss es nicht wiederholen. Deshalb mache ich es auf meine Weise. Es genügt, einen Eindruck zu vermitteln, und die Betrachterinnen und Betrachter können den Rest selbst erschließen.

RJ: Hier triffst du dich mit Jean Dieuzaide, der in Toulouse mit den gleichen Mitteln gearbeitet hat. Hast du dich bei ihm „eingesehen"?

OM: Jean Dieuzaide ist eine markante Figur der französischen Fotografie seiner Zeit. Er ist nicht sehr bekannt, genießt aber hohes Ansehen für seine Arbeit. Mein Vater hat mich eigentlich auf ihn aufmerksam gemacht – er kannte ihn persönlich. Wie bei so vielem anderen auch … alles ein bisschen Zufall. Auf dieselbe Weise habe ich Mark Rothko entdeckt – ich kannte ihn vorher überhaupt nicht, bis ich an einer Dokumentation über ihn mitarbeitete, die mein Vater produzierte. Genauso

OM: Gaillac has churches from the thirteenth and fourteenth centuries, even older. In Toulouse, you also have Art Nouveau. But you don't really find that kind of architecture there—Bauhaus or Brutalism. I actually discovered that style pretty late, in Israel. A lot of artists who had fled Germany ended up there, and the country was just starting out after independence, building itself up with a big influx of people. They had to build fast, and they built in a way that was consistent and … how do you say … practical, very functional.

RJ: When you look at Bauhaus and Brutalism, they're styles that are almost diametrically opposed: Bauhaus focuses on planes and lines, while Brutalism emphasizes volume. Why these particular styles?

OM: It's really the light that transforms the architecture—whether it's Bauhaus or Brutalism—and how we perceive it. Especially in a country like Israel, where the light is so intense. On flat ground, with nothing to interrupt the rays, you get these very strong shadows. When it comes to photographing an entire building, there are plenty of people who do that much better than I could—I don't need to repeat it. That's why I do it in my way. It's enough just to give an impression, and then the viewer can construct the rest.

RJ: In this regard, you connect with Jean Dieuzaide, who was working in Toulouse with a similar approach. Did you, so to speak, consult his work visually?

OM: Jean Dieuzaide is a distinctive figure in French photography of his time. He's not widely known, but he's well respected for his work. It was actually my father who pointed him out to me—he knew him personally. And like so much else, it was all a bit of a coincidence. That's also how I discovered Mark Rothko—I didn't know his work until I collaborated on a documentary my father was producing. And the same with Pierre Soulages, who was practically just around the corner—his museum is not far from Gaillac.

RJ: So everything kind of just fell into place?

OM: Nothing does—that's the strange element of everything. Someone from the French embassy recommended Patrick Modiano's book *Dora Bruder* after seeing my photos: "You have to read this," he said, and presented me with the book.

habe ich Pierre Soulages entdeckt, praktisch vor unserer Haustür: Sein Museum liegt nicht weit von Gaillac entfernt.

RJ: Es hat sich also alles irgendwie gefügt?

OM: Nichts fügt sich einfach so – das ist das Seltsame an der ganzen Sache. Jemand von der französischen Botschaft empfahl mir, Patrick Modianos Buch *Dora Bruder* zu lesen, nachdem er meine Fotos gesehen hatte: „Das musst du lesen", sagte er und schenkte mir das Buch. Ich war neugierig, habe es gelesen und dann mit dem Projekt begonnen. Danach nahm ich Kontakt zu Modiano auf … alles entwickelte sich ganz organisch. So habe ich auch hier mit der Heidi Horten Collection begonnen.

RJ: Es ist also jeweils etwas ganz Persönliches, das dein fotografisches Interesse weckt?

OM: Genau, es ist sehr persönlich. Dieser Ort, das Museum der Heidi Horten Collection, ist für mich sehr persönlich – nicht nur der Raum selbst, sondern auch die Menschen, die ihn geschaffen haben und die ihn jeden Tag am Laufen halten. Dazu gehörst auch du, dazu gehören alle hier.

RJ: Mit dem Haus der Heidi Horten Collection hast du dich in den vergangenen drei Jahren, von der Eröffnung an bis heute, immer wieder beschäftigt, hast immer wieder neue Einsichten gewonnen. Magst du auch noch etwas zu deinen zukünftigen oder aktuellen Projekten sagen, die dir besonders wichtig sind?

OM: Du hast es bereits erwähnt: Ich habe ein Projekt, dessen Anfang feststeht, dessen Ende ich aber noch nicht kenne. Die Geschichte des jungen Mädchens Dora Bruder verläuft parallel zur Geschichte meiner eigenen Familie, denn sie wuchs im selben Viertel in Paris auf. Dieses Projekt wird so lange fortgesetzt, bis jemand sagt: „Wir machen es." Genau das ist mit der Heidi Horten Collection passiert. Außerdem arbeite ich an einem weiteren Projekt mit einem ähnlichen Thema. Es handelt sich um *Der dritte Mann* – ich rekonstruiere die Geschichte im Wesentlichen aus fotografischer Perspektive. Es geht um die Stadt Wien – alles spielt sich hier ab. Ich lebe hier, meine Frau ist Wienerin, und beide unsere Kinder sind hier geboren, und so kann ich mich voll und ganz als Wiener identifizieren. Ich bin mit diesem Film aufgewachsen; er ist Teil der Geschichte der Stadt und inzwischen auch Teil meiner eigenen Geschichte. Auch hier geht es darum, nach jemandem zu suchen.

I was curious, and so I read it, and then started the project. After that, I contacted Modiano. Everything just happened organically. The same way I started here, with the Heidi Horten Collection.

RJ: So in each case, it's something very personal that sparks your photographic interest?

OM: Exactly, it's very personal. This place—the Heidi Horten museum—is very personal for me, not just the space itself, but also the people who created it and who keep it running every day. It includes you, it includes everyone here.

RJ: Over the past three years, you've been continuously engaged with the Heidi Horten Collection, from its opening until today, gaining new insights along the way. Would you like to share anything about your current or upcoming projects that are particularly important to you?

OM: You mentioned this one earlier—I have a project that has a clear beginning, but I don't know when it will end. The story of that young girl, Dora Bruder, runs in parallel with my own family's history, because they grew up in the same area. That's one project, and it will take as long as it takes until someone says, "We'll do it." The same thing happened here with the Heidi Horten Collection. I'm also working on another project that touches on a similar theme. It's [the film] *The Third Man*— I'm essentially reconstructing the story from a photographic perspective. Because it is about the city of Vienna, everything is here. I live here, my wife is Viennese, and our children were born here, so I can fully identify as a Viennese. It's a movie I grew up with, and it's part of the city's history, and now part of my own story as well. It's also about looking for someone. And strangely enough, it's set in an environment where something— or someone—is missing.

RJ: So your work has a lot to do with absence and the simultaneous presence of people and things?

OM: Yes, that certainly plays a role. But I think it also has to do with something else. Sometimes people ask me, "When you travel, do you take photographs?" I do, but that's not really the purpose of traveling. Usually I go with my family, and I end up bringing my camera. I come away with a bundle of cities— it's not by design. It just happens because I'm there, and I'm interested. At the root of it, though, I don't even need to go far

Merkwürdigerweise spielt alles in einem Umfeld, in dem etwas –
oder jemand – fehlt.

*RJ: Deine Arbeit hat also ganz stark mit Abwesenheit bei gleich-
zeitiger Anwesenheit von Menschen und Dingen zu tun?*

OM: Ja, das spielt sicher eine Rolle. Aber ich glaube, es
hat auch mit etwas anderem zu tun. Manchmal fragen mich
Leute: „Wenn du reist, fotografierst du dann?" Das tue ich zwar,
doch es ist eigentlich nicht der Zweck des Reisens. Meistens
reise ich mit meiner Familie und nehme meine Kamera mit. Am
Ende bringe ich ein ganzes Konvolut von Städten mit – ganz
ohne Absicht; es geschieht einfach, weil ich dort bin und interessiert hinschaue. Im Grunde muss ich dafür aber nicht einmal weit reisen. Alles kann interessant sein. Alles befindet sich
direkt hier um mich herum.

*RJ: Wenn man deine Fotos betrachtet, sieht man, dass du sie
bearbeitest. Nach welchen Kriterien, und welche Technik ver-
wendest du?*

OM: Lassen wir die Bilder von Menschen einmal bei-
seite – sie werden so gut wie gar nicht retuschiert und ent-
sprechen dem „Digitalnegativ" so weit wie möglich. In der
Architekturfotografie arbeite ich mit Filtern und modifizierten
Kamerasensoren, die bestimmte Wellenlängen einfangen. Das
klingt vielleicht ein bisschen technisch, aber ich fotografiere
im Infrarotbereich. Es ist ein sehr altes Kameragehäuse, das
dafür umgebaut wurde. Viel mehr Bearbeitung gibt es nicht.
Im Grunde ist es einfach nur mein Blick. Ich weiß nicht, ob es
hierher passt, aber mein Name, Ouriel, bedeutet auf Hebräisch
„Licht Gottes". Dieses Lichtelement war also schon immer da
(lacht). Und wenn man noch „Morgensztern" dazunimmt, findet sich hier ebenfalls ein Lichtelement. Es musste halt so kom-
men (lacht)!

to take photographs. Anything can be interesting. Everything is right here around me.

RJ: Looking at your photos, you do some post-processing. How do you decide what to adjust, and what are the techniques you use?

OM: If we leave out the photos of people, are retouched as little as possible. They're basically as close to the digital negative as I could get. With the architectural photos I use filters and modified camera sensors that capture specific wavelengths—maybe it's a bit technical—but I shoot in infrared. It's a very old camera body that's been modified, and that's it. There isn't much processing beyond that. It's really just my eye. I don't know if it belongs here, but my name, Ouriel, in Hebrew means "Light of God." The light element has always been there (laughing). It's just a sign of something, and if you add "Morgensztern" on top of that, it's also a kind of light element. I kind of had to do it (laughing).

IMPRESSUM | COLOPHON

Dieser Katalog erscheint anlässlich der Ausstellung
ORT – Ouriel Morgensztern in der Heidi Horten Collection,
Wien, 21. Oktober 2025 bis 12. April 2026. | This catalogue
is published on the occasion of the exhibition *ORT – Ouriel
Morgensztern* at the Heidi Horten Collection, Vienna,
from October 21, 2025 to April 12, 2026.

Direktorin | Director: Agnes Husslein-Arco
Wirtschaftlicher Geschäftsführer | CFO: Peter Kramberger

Kurator:innen der Ausstellung | Curators of the exhibition:
Agnes Husslein-Arco und | and Rolf H. Johannsen
Projektleitung | Project management:
Anne-Sophie van Leeuwen

Assistenz der Direktorin | Assistant to the Director:
Bettina Hagen
Chefkurator | Chief Curator: Rolf H. Johannsen
Kuratorin | Curator: Véronique Abpurg
Kuratorische Assistenz | Curatorial Assistant:
Annkathrin Weber
Sammlungsleitung | Head of Collection: Alena Volk
Ausstellungsmanagement | Exhibition management:
Anne-Sophie van Leeuwen
Kunstvermittlung | Art education: Susanne Wögerbauer
und | and Team
Presse | Press: Pia Sääf
Marketing: Sophie Weiß
Assistenz Marketing & Kommunikation | Marketing &
Communication Assistant: Charlot Kühn
Tourismus | Tourism: Heinz Holzinger
Besucher:innenservice | Visitor services: Marion Kadlec
Facility Management: Min Ly
Haustechnik | Building services: Sahin Ertekin

Heidi Horten Collection
Hanuschgasse 3
1010 Wien | Vienna
www.hortencollection.com

Publikation

Herausgegeben von | Published by Agnes Husslein-Arco
und | and Rolf H. Johannsen für die | for the Heidi Horten
Collection

Autor:innen | Authors: Agnes Husslein-Arco,
Rolf H. Johannsen, Christopher Rothko

Katalog- und Bildredaktion | Catalogue and
image editing: Rolf H. Johannsen
Lektorat Deutsch | German copyediting:
Ilka Backmeister-Collacott, kultur&kontext
Übersetzung | Translation (German ↔ English):
Suzanne Ryan Enser
Lektorat Englisch | English copyediting: Kelly Flynn
Grafische Gestaltung | Graphic design:
SCHIENERL D/AD, Wien | Vienna
Bildbearbeitung | Picture editing: Pixelstorm
Litho & Digital Imaging, Wien | Vienna
Druck und Bindung | Printed and bound by:
Gerin Druck GmbH, Wolkersdorf
Papier | Paper: Salzer Touch White, 120 g/m²
Schriften | Typefaces: Aldus, Soleil

HEIDIHORTENCOLLECTION

Erschienen im | Published by:
VfmK Verlag für moderne Kunst GmbH
Schwedenplatz 2/24
1010 Wien | Vienna
hello@vfmk.org
www.vfmk.org

ISBN 978-3-99153-221-7

Alle Rechte vorbehalten | All rights reserved
Gedruckt in Österreich | Printed in Austria
© 2025 Heidi Horten Collection, Wien | Vienna;
Verlag für moderne Kunst; die Autorinnen und
Autoren | the authors

Vertrieb | Distribution
Europa | Europe: LKG, www.lkg-va.de
UK: Cornerhouse Publications,
www.cornerhousepublications.org
USA: D.A.P., www.artbook.com

Verlag für moderne Kunst

Bibliografische Information der Deutschen Nationalbibliothek: Die Deutsche Nationalbibliothek verzeichnet
diese Publikation in der Deutschen Nationalbibliografie;
detaillierte bibliografische Daten sind im Internet über
dnb.de abrufbar. | Bibliographic information published by
the Deutsche Nationalbibliothek: The Deutsche Nationalbibliothek lists this publication in the Deutsche Nationalbibliografie; detailed bibliographic data is available in the
Internet at dnb.de/EN.

Bildrechte | Image rights
© Bildrecht, Wien 2025: S. | pp. 34, 43. – © Heidi Horten
Collection: S. | p. 44. – © 1998 Kate Rothko Prizel &
Christopher Rothko/Bildrecht, Wien 2025: S. | p. 33. –
© Ouriel Morgensztern: S. | pp. 2, 19, 21, 29, 30, 32, 36–38,
41, 51–79, 89.

Fotonachweis | Photo Credits
bpk | Nationalgalerie, SMB, Sammlung Scharf-Gersten-
berg | Volker H. Schneider: S. | p. 20. – Digital image, The
Museum of Modern Art, New York/Scala, Florence: S. |
p. 33. – Heidi Horten Collection: S. | pp. 43, 44. – Joachim
Giebelhausen, architekturfotografie, hg. von | ed. by Niko-
laus Karpf, München/Munich 1964: S. | p. 31. – Musée Pierre
Soulages Rodez: S. | p. 34. – Ouriel Morgensztern: S. |
pp. 2, 19, 21, 29, 30, 32, 36–38, 41, 51–79, 89.

Falls zu einzelnen Abbildungen trotz eingehender
Recherchen der korrekte Bildnachweis nicht erbracht
werden konnte, ersuchen wir um Verständnis und bitten
um Hinweis für künftige Nennungen. | If, despite thorough
research, the correct picture credits could not be provided
for individual illustrations, we ask for your understanding
and ask for information for future references.